提高你的财商

〔美〕罗伯特·清崎 著

灵思泉 聂平俊 译

四川人民出版社

readers-club

北京读书人文化艺术有限公司
www.readers.com.cn
出 品

致中国读者的一封信

亲爱的中国读者：

你们好！

今年是《富爸爸穷爸爸》在美国出版20周年，其在中国上市也已经整整17年了。我非常高兴地从我的中国伙伴——北京读书人文化艺术有限公司（他们在这些年里收到了很多读者来信）那里了解到，你们中的很多人因为读了这本书而认识到财商的重要性，从而努力提高自己的财商，最终同我一样获得了财务自由。

我很骄傲我的书能够让你们获益。20年后的今天，世界又处在变革的十字路口。全球经济形势日益复杂，不断涌现的"黑天鹅事件"加剧了世界发展的不确定性，人们对未来充满迷茫，悲观主义情绪正在蔓延。

而对于你们，富爸爸广大的中国读者来说，除了受世界经济的影响，还要面对国内经济转型的阵痛，这个过程艰苦而漫长。当然，为了成就这种时代的美好，你必须坚持正确的选择，拥有前进的智慧和勇气。这就需要你努力学习。

最后，我还是要说，任何人都能成功，只要你选择这么做！

罗伯特·清崎

富人教他们的孩子财商,
而穷人和中产阶级从不这样做。

——〔美〕罗伯特·清崎

出版人的话

转眼间,"富爸爸"问世已20余年,与中国读者相伴也已近20年。在中国经济和社会蓬勃发展的20年间,"富爸爸"系列丛书的出版影响了千千万万的中国读者,有超过1000万的读者认识了富爸爸、了解了财商。在"富爸爸"的忠实读者中,既有在餐厅打工的服务员,也有执教讲堂的大学教授;既有满怀创业梦想的年轻人,也有安享晚年的退休人士。"富爸爸"的读者群体之广、之大,是我们不曾预料到的。

作为一套在中国风靡大江南北、引领国人创业创富的财商智慧丛书,"富爸爸"系列伴随和见证了千万读者的创富经历和成长历程,他们通过学习财商,已然成为中国的"富爸爸",这也是我们修订此书的动力。20年来,"富爸爸"系列也在不断地增加新的"家族成员",新书的内容也越来越贴合当下经济的快速发展以及国内风起云涌的经济大潮,我们也在十几年的财商教育过程中摸索出了一套适合国内大众群体的"MBW"财商理论体系,即从创富动机、创富行为与习惯、创富路径三方面培养学员的财商,增强大家和财富打交道的积极意识,提高抗风险的能力。

曾有一位来自深圳的学员告诉我,他当年就是因为读了《富爸爸穷爸爸》一书,并通过系统的财商训练,才在事业上取得了巨大的成功。难能可贵的是,成功后的他并没有独享财富,而是将自己致富的秘诀——"富爸爸"财商理念分享给了更多想要创业、想要致富、想要成功的人。

在"富爸爸"的忠实读者群中,类似的成功故事还有很多很多。在"富爸爸"的影响下,每一位创富的读者都非常乐意向更多的朋友传授自己从财商训练中获得的成功经验。

值此"富爸爸"20周年之际,作者的最新修订版再次契合了时代的发展、读者的需要。在经济金融全球化的发展与危机中,作者总结过去、现在和未来财富的变化与趋势,并重温了富爸爸那些简洁有力的财商智慧,在中华民族伟大复兴的新时代,"富爸爸"系列丛书将结合财商教育培训,为读者带来提高财商的具体办法,以及在中国具体环境下的MBW创富实践理论。丛书的出品方北京读书人文化艺术有限公司将从图书、现金流游戏、财商课程等多角度多方面,打造出一个立体的"富爸爸",不仅要从财商理念上引导中国读者,更要在实践中帮助中国读者真正实现财务自由。读者和创业者可以通过关注读书人俱乐部微信公众号,来了解更多有关"富爸爸"系列丛书和财商学习的信息。

正如富爸爸在书中所说,世界变了,金钱游戏的规则也变了。对于读者和创富者来说,也要应时而变,理解金钱的语言、学会金钱的规则。只有这样,你才能玩转金钱游戏,实现财务自由。

汤小明

读书人俱乐部

目录

1 序

3 作者的话

7 导言　金钱会让你致富吗

11 第一章　什么是理财智慧

37 第二章　5种财商

51 第三章　第一财商：赚更多的钱

75 第四章　第二财商：守住你的钱

105 第五章　第三财商：预算你的钱

137 第六章　第四财商：撬起金钱的杠杆

177 第七章　第五财商：改善你的财务信息

207 第八章　财务健全

223 第九章　开发你的理财天赋

259 第十章　发展你的财商：一些实例

序

2004年，我第一次与罗伯特·清崎见面。2006年，我们一起写了一本书，很畅销。在步入2008年之际，我越来越清楚地意识到，罗伯特所谈论和传授的知识比以往任何时候都更重要。因为在这个时候，财商教育对我们国家关系重大，而罗伯特在这方面的睿智是无可争议的。

看看我们在《让你赚大钱》一书中讨论了什么问题，再回想一下在那以后又发生了什么事情。我想说我们当时已初步论及这些问题，而罗伯特又写了《富爸爸提高你的财商》来继续引导你在人生道路上向前再进一步，我有充分的理由相信，他仍会像我们在2006年那样窥见天机，预知未来。我想提醒你，务必注意他说了些什么。

罗伯特和我一直共同关注着许多事情，而且我们有着极其相似的经历。我们都当过教师，做过商人；我们都有富爸爸，他们影响了我们的生命轨迹，塑造了我们的精神面貌，并铸就了我们的事业；我们都是创业者和房地产投资人，并且都取得了成功，因为我们接受过财商教育；我们都深谙财商教育的重要性，并且认真学习了财务知识。罗伯特曾经说过："是财商教育使人们掌握了财富信息，并将信息转化为知识……然而多数人却没有接受过可以改变他们命运的财商教育。"我完全同意他的观点。

我很快就看出罗伯特并没有沾沾自喜。他已经很成功了——因为他很热爱自己现在所从事的事业。这也是我们的另一个共同点。这对你来说，是多么幸运的事呀，因为他仍会给你提供许多很好的建议。正如我们在《让你赚大钱》一书中所说的那样，拥有渊博的知识而不愿与人分享，有什么意义呢？罗伯特写的每一本书都是对这个问题的一种回答，你是幸运的，因为你正在分享他那渊博的知识。

要更聪明地利用你手中的金钱，并使自己变得更加富有，第一步是，当机遇来临时，一定要抓住机遇，好好利用。没错，此刻你就拥有一个千载难逢的机遇。我建议你用心阅读《富爸爸提高你的财商》这本书。届时你将会走在通往财务自由的正确道路上，走在通往成功的正确道路上。顺便说一句，不要忘记，心有多大舞台就有多大。我们将在成功人士的圈子里看到你。

唐纳德·特朗普[①]

[①] 美国第45任总统，美国地产大王，电视人和畅销书作家。他是特朗普集团的首席执行官，在纽约市中心有几栋以他名字命名的摩天大楼，在他的节目《学徒》获得成功以后，他成为家喻户晓的人物。

作者的话

金钱不是罪恶

教育体系的一大失败在于不能给学生提供财商教育。教育工作者似乎认为金钱有宗教上的污点或者认为金钱类似于邪教,因为他们相信对金钱的热爱是万恶之源。

正如我们多数人所熟知的那样,热爱金钱并不是罪恶——恰恰相反,缺乏金钱导致罪恶,我们痛恨自己正在从事的工作才是罪恶。我们努力工作却不能养家糊口,这难道不是罪恶?对一些人来说,负债累累是罪恶,与所爱的人因金钱争吵不休是罪恶,贪婪是罪恶。还有,为了获得金钱而不惜以身试法或抛弃良知是罪恶。金钱本身并不是罪恶,金钱仅仅是金钱而已。

你的房子不是一项资产

人们缺乏财商教育,也会导致他们做出愚蠢的事情或被愚蠢的人所误导。比如,在1997年第一次出版的《富爸爸穷爸爸》一书中，我提到"你的房子不是一项资产……你的房子只是一项负债"，这个观点随后引发了连篇累牍的质疑。我的书和我本人都受到严厉的批评，许多自称金融专家的人在媒体上对我大加挞伐。10年之后的2007年，随着信贷市场的崩溃，数百万人的财富像自由落体一样，瞬间无影无踪——有些人失去了房子，也有些人宣布破产，由于房地产贬值，有些人因他们的房子而欠债，债务的数额比房子本身的价值更大——此刻，这些人才沉痛地发现，他们的房子确实是负债，而不是资产。

两个人，一个声音

2006年，我的朋友唐纳德·特朗普和我合作写了一本书《让你赚大钱》。在这本书中，我们谈到了为什么中产阶级会落后于社会财富增长的速度，以及我们想到的个中原因。我们认为，这大部分归因于全球化大趋势、政府的决策和金融市场的状况。这本书遭到了财经媒体的抨击。但是到了2007年，我们所说的大多数已成为事实。

过时的忠告

今天，许多理财专家仍旧倡导，努力工作，储蓄，偿还债务，量入为出，并投资一些多元化投资组合的共同基金。问题在于这并不是一个好建议——因为它已经过时了。金钱规则在1971年已经改变了,今天是一个崭新的资本主义时代。储蓄、偿还债务、进行多元化投资是旧资本主义时代的做法,那些遵循旧资本主义做法的人在新资本主义时代将会举步维艰。

信息与教育

在我看来,缺乏财商教育是我们的教育系统既残酷又充满罪恶的耻辱。在现今这个时代,不管你是穷人还是富人,不管你聪明还是不聪明,财商教育事关你的生存,是绝对必要的。

正如多数人所知道的那样,如今我们生活在信息时代。信息时代的问题是信息超载,也就是说,现代世界充斥着太多的信息。下面这个等式可以说明为什么财商教育是如此重要。

$$信息 + 教育 = 知识$$

没有财商教育,人们就无法将信息转化为可以利用的知识。没有财务知识,人们就会生活拮据;就会做诸如买房这样的事情,并把房子作为自己的一项资产;就会去储蓄,却没有意识到自从1971年以来金钱已不再是金钱,而仅仅是一种货币;就会不知道良性债务和不良债务的区别,不知道为什么富人赚得多却纳税比例小,不知道为什么世界上最富有的投资者——"股神"巴菲特的投资并不多样化,却赚到了很多钱。

跳跃着的旅鼠①

人们因为没有财务知识,就会期望有人能告诉自己该做什么。而多数理财专家的建议却是,努力工作、储蓄、偿还债务、量入为出、并投资一些多元化投资组合的共同基金。人们就像旅鼠一样,仅仅跟随他们的领导者向悬崖跑去,纵身一跃跳进前程未卜的财富之海,满怀希望能够游到财富的彼岸。

本书并非关于理财咨询

本书并不是要告诉你应该做什么,这不是关于理财咨询的书。本书是要你在理财方面变得聪明一些,以便有能力处理你的财务信息,并帮助你发现自己的道路以通向财富的天堂。

总之,本书将教你通过变得更聪明来实现更富有的梦想,旨在帮助你提高财商。

---

①旅鼠是生活在地球北极的鼠科动物,繁殖力极强,但在种族数量急剧膨胀之后,所有的旅鼠会疯狂不安,聚集在一起,盲目地朝一个方向出发,一直跃过悬崖跳进大海。被喻指为股市中不理智、容易盲目跟风的投资者。

导言 金钱会让你致富吗

答案是否定的。金钱本身是不足以让你致富的。我们都知道，有一些人天天工作，为了赚钱，为了赚更多的钱而努力，但是他们并没有变得更富有。富有讽刺意味的是，许多人赚的钱越多，在债务泥潭中陷得越深。大家都听说过，有人中了彩票一夜暴富成为百万富翁，转眼又贫穷如故。我们也听说过房产被收回的故事，房产不仅没有让房主变得更富有、更有经济保障，反而使房主流离失所，住进了救济院。我们许多人都认识一两个在股票市场投资失利的人，或许你就是其中一员。即使是投资黄金——世界上唯一真正的金钱——也不一定就能给投资者带来赢利。

年轻时我做的第一次真正的投资是黄金。在做房地产投资前，我开始投资黄金。1972 年，我 25 岁，开始买金币，当时黄金的价格差不多是每盎司①70 美元。到 1980 年，黄金的价格已经涨到了近每盎司 800 美元。狂热的气氛在市场上蔓延。贪婪取代了

---

①盎司为英制计量单位，常见于金银等贵金属的计量。1 盎司=31.1035 克。

谨慎。据传闻，黄金价格会涨到每盎司2500美元。于是，贪婪的投资者开始疯狂地买进黄金，即使他们之前根本就没有做过这类投资。我并没有将手中的金币卖出以获取一笔小小的利润，而是继续持有，希望黄金价格可以继续上涨。大约一年后，黄金价格下跌至每盎司500美元，我最终卖出了所有的金币。从1980年起，我就关注黄金市场，眼看着黄金价格持续下跌，1999年跌至谷底——每盎司250美元。

尽管黄金投资没有让我赚到多少钱，但是它教会了我很多关于金钱的知识，这些知识是无价的。当发现投资黄金都可能赔钱时，我就明白我投资的东西既不是真正的金钱也不是资产——这是我最宝贵的收获。与资产相关的信息最终决定了一个人是贫穷还是富有。换句话说，使一个人富有的，并不是房地产、股票、共同基金、生意或金钱，而是信息、知识、智慧和实践技能，这些统称为理财智慧。

高尔夫课程或高尔夫俱乐部

我的一个朋友是高尔夫球迷。他每年在新的高尔夫俱乐部和新推出的高尔夫球具上花费数千美元。可是，他从不花一分钱上高尔夫课。因此，虽然他拥有最新最好的高尔夫装备，但打球的水平仍很一般。如果他在高尔夫课程上做点投资，即使仍在去年的俱乐部，他也有可能成为一个不错的高尔夫球手。

在金钱游戏中也有这样的怪现象。数十亿的投资者将自己辛苦赚来的钱投资到股票和房地产上，却几乎不在信息方面投资一分钱。因此他们的财商仍然与以前一样，没有提高。

不是神奇的公式

本书并不能帮助你一夜暴富，或提供什么致富的神奇公式。本书讲的是如何提高你的理财智慧，你的财商。它将使你变得聪明，以此让你更富有。它讲述了致富所需要的5个基本理财智慧，无论经济、股票和房地产市场发生怎样的变化，这些理财智慧都会适用。

金钱的新规则

本书也是有关金钱的新规则——早在1971年就发生了改变的规则。正是因为这些规则上的变化，那些旧规则才可以说已经过时了。之所以有如此多的人仍然经济拮据、生活困难，其中一个原因就是，他们仍然遵循着旧的金钱规则办事，例如努力工作、储蓄、偿还债务、长期投资多元化投资组合的股票、债券和共同基金。本书讲述了如何利用新的金钱规则办事，但是要做到这一点，就需要提高你的理财智慧和财商。

读完本书后，你将更能确定新规则和旧规则哪个更好一些，你应该按哪个规则办事。

开发你的理财天赋

本书的第九章讲述的是，如何通过运用你大脑的三部分来开发你的理财天赋。如多数人所熟知的，人类大脑可以分为三部分，即左脑、右脑和潜意识。

多数人不能变得富有，原因是他们的潜意识是大脑三部分中最强的。举例来说，人们可能通过左右脑来学习投资房地产，并准确知道该如何做，但是他们强有力的潜意识控制了他们，潜意识会这样说："哦，这太危险。如果赔钱了怎么办？如果失误了怎么办？"在这个例子中，由潜意识产生的恐惧心理与左右脑的愿望作斗争。简单地说，为开发你的理财天赋，首先要知道你大脑的3个部分应该协调工作，而不是相互牵制，这很重要。本书将向你说明如何做到这一点。

总结

许多人相信，花钱才能赚钱。实际并非如此。请你时刻牢记：如果你投资黄金失利的话，做其他投资也会赔钱。归根结底，不是黄金、股票、房地产、努力工作和金钱就可以使你变得更富有，而是你所知道的关于黄金、股票、房地产、努力工作和金钱的知识或信息能让你变得更富有。总而言之，是你的理财智慧、你的财商使你更富有。

请读本书，你将会变得更聪明，从而更富有。

第一章
什么是理财智慧

INCREASE YOUR
FINANCIAL
IQ

我5岁时,有一次被紧急送进了医院的急诊室。后来我知道那是由水痘引起的耳部感染并发症,非常严重。尽管这次经历令人担惊受怕,但我也因此而有了一段美好的回忆,当时我躺在病床上正在康复,爸爸、弟弟和两个妹妹站在医院窗外的草坪上,向我不停地挥手。我妈妈没有去医院看我。她在家里,正卧病在床,忍受着心脏虚弱的痛苦折磨。

就在那一年之中,我弟弟从车库的平台上跌下来,摔破了头住进了医院。接下来是我的大妹妹,她的膝盖需要做手术。接着是我最小的妹妹贝丝,才刚刚出生,却患了连医生也弄不明白的皮肤病。

对我爸爸来说,那一年是非常艰难的一年,在我们这个六口之家中,他是唯一没有受到病魔"惠顾"的人。好消息是我们都康复了,而且变得很健康,坏消息是医疗账单接踵而来。那一年爸爸身体上虽然并没有生病,但是他精神上感染上了极其严重的疾病——被数额庞大的医疗债务压得喘不过气来。

那时候,我爸爸是夏威夷大学的在读研究生。他成绩优秀,曾经只花了两年的时间就拿到了学士学位,他的梦想是有一天能成为大学教授。而现在他有一家六口需要养活，有按揭要还，要支付巨额的医疗账单，他不得不放弃梦想，找了一份工作，在夏威夷大岛希洛小镇上担任一个学校的助理总监。我们家搬到了另外一个小岛居住，他可以负担得起一家人在那里的生活，他不得不向他的父亲借钱。对于我爸爸和我们整个家庭来说，那是一段艰难的日子。

尽管爸爸在事业上取得了巨大的成功，也最终获得了博士学位，但是我认为直到他弥留之际，成为大学教授的梦想仍旧萦绕在他的心头。他总是说："当你们这些孩子长大去上学时，我将返回学校，做我喜欢做的事情——教书。"

然而，爸爸却没能回去教书，他最终从事了行政工作，担任夏威夷州教育厅厅长，而后竞选副州长却失败了。50岁的爸爸突然失业了，在竞选失败后不久，我妈妈由于心脏病突然撒手人寰，享年仅48岁。我的爸爸就再也没能从我妈妈离去的悲伤中恢复过来。

钱的问题再一次纷至沓来。没有了工作，爸爸决定提前支取他的退休储蓄，用来加盟一个全国连锁的冰激凌特许经营店。但他最终亏掉了所有的积蓄。

当年老时，我的爸爸觉得他已经落在了同龄人的后面，他的职业生涯已经终止。他不再担任教育界的领导，也就没有了身份和地位。对于那些通过做生意发家致富的同学，他愤愤不平。这种反差让他很痛心，他经常说："我一生致力于夏威夷的教育事业，我得到了什么？什么都没有。我那些有钱的同学越来越富有，而我呢？什么都没有。"

我永远不明白他为什么不返回大学教书。但我想是因为他想尽快富有起来，以弥补失去的光阴。然而他却去做一些稀奇古怪的生意，与一些花言巧语的骗子搅和在一起。他想一夜暴富的尝试，一次也没有成功。

好在他还有几个零工，也有社会保障的资助，否则他可能不得不和自己的某个孩子住在一起。在我爸爸因癌症去世的前几个月，那年他72岁，他把我拉到床边，抱歉地说他没有什么可以给我们留下的。我握着他的手，把头靠在他手上，我们都哭了。

钱不够用

我的穷爸爸一生都为金钱所苦。不管他赚了多少钱，钱总是不够用。他没有能力解决这个问题，这让他很痛苦，直到他去世时也未能解脱。可悲的是，他觉得自己不称职，无论在事业上还是身为一个父亲。

我爸爸来自学术圈子，他尽力把财富的问题放在一边，全身心专注于比金钱更高层次的教育事业。他尽量说服自己金钱不算什么，即便金钱有时就是问题的焦点。他是一个伟大的人、一个伟大的丈夫和父亲，也是一位杰出的教育工作者；然而正是金钱这个东西常常左右着生活的发展，无声无息地困扰着他。可悲的是，在他人生临终之时，金钱却成了他评判自己一生成败的标准。尽管他很聪明，但他从未解决好钱的问题。

钱太多了

我的富爸爸在我 9 岁时就开始教我有关金钱的知识,他同样也有钱的问题。他解决钱的问题的方法不同于我的穷爸爸。他承认钱是重要的,正因为他意识到了这一点,所以他不放过任何一个机会来提高他的理财智慧。对于他来说,这就意味着正面地处理钱的问题,并从处理的过程中学习。我的富爸爸在学识上远远不及我的穷爸爸,但是他却用不同的方法解决了钱的问题,并提升了自己的理财智慧,他的金钱问题是——钱太多了。

我有两个爸爸,一个富有,一个贫穷,从他们两个人身上我明白:无论我们是贫穷还是富有,我们都会有钱的问题。

穷人的金钱问题是:

1. 钱不够用。
2. 刷信用卡只会更缺钱。
3. 生活成本日益增加。
4. 赚得越多,纳税也就越多。
5. 害怕突发事件。
6. 没有足够的退休金。

富人的金钱问题是:

1. 钱太多了。
2. 需要守住财产和进行投资。
3. 不知道人们是喜欢他的钱还是喜欢他的人。
4. 需要更聪明的财务顾问。
5. 钱多宠坏了孩子。
6. 财产和遗产计划。
7. 过多的政府税金。

我的穷爸爸一生都有钱的问题，不管他赚了多少钱，他的问题就是钱总是不够用。我的富爸爸也有钱的问题，他的问题是钱太多了。那么，你想碰到哪种金钱问题呢？

穷人解决金钱问题的方法

年幼时我就知道，不管我们多么富有或是多么贫穷，我们都会有钱的问题，这对于我来说是人生非常重要的一课。许多人相信，如果他们很有钱，金钱的问题就会消失。很少有人知道，有很多钱后只会带来更多的金钱问题。

我最喜欢一支为一家金融服务公司所做的电视广告，说唱歌手 M.C. 汉默与漂亮女郎翩翩起舞，身后是一辆宾利、一辆法拉利和超级豪宅。背景画面中，许多高端奢侈品正往大厦搬，同时播放背景音乐，是汉默的著名单曲《你受不了这个》。而后屏幕变暗，并显示"15 分钟后"这样的文字。接下来的一幕是，汉默坐在那个超级豪宅前的路边，双手托着头，旁边的牌子上写着"房子被没收"，旁白是"生活意外无处不在，我们随时帮助你"。

现实世界充满了像M.C.汉默这样的人。我们都听说过有人中百万美元彩票，几年后却负债累累；或年轻的职业运动员在服役时住在豪宅中，退役后却住在天桥底下；或年轻的摇滚歌星在20多岁时是百万富翁，到了30多岁时却四处找工作；或某个说唱歌手在挨家挨户兜售金融产品，而在他一无所有之前他也使用着这些金融产品。

单靠金钱无法解决钱的问题。那也就是给穷人钱并不能解决穷人的金钱问题的原因。多数情况下，这只会拖延时间使问题得不到解决，而且会造成更多的人变得更穷。就拿福利来说吧。从经济大萧条①到1996年，不管个人经济状况如何，政府都会给每个穷人提供津贴。你需要做的就是，证明你符合永久享受政府津贴的贫穷标准。而如果你发挥主动性，去找份工作，收入高于政府制定的贫穷标准，那么你就得不到津贴。当然，有工作的穷人还需要支付一些由工作衍生而来的费用，比如购买制服、儿童照管和交通的费用等。这些费用在工作之前无需支付。多数情况下，当穷人们有一份工作时，他们的盈余还不及不工作时，而且空闲时间也少了。福利制度使懒惰的人获利，而惩罚了那些主动赚钱的人。这样的福利制度导致了更多的穷人出现。

单靠努力工作也不能解决钱的问题。世界上有很多人努力工

---

① 经济大萧条指1929～1933年之间全球性的经济大衰退。

作,但他们却没有什么钱。这些人在赚钱的同时,却在债务的泥潭里越陷越深,然后他们需要更努力地工作来赚取更多的钱。

单靠教育也不能解决钱的问题。这世上有很多人受过高等教育,却依旧贫穷。

拥有一份工作也不能解决钱的问题。对许多人来说,工作(job)仅仅代表比破产强一点(just over break)。有数百万的人靠工作所得仅能勉强生存,但不足以生活。许多有工作的人没有能力养家糊口,享受适当的医疗保健,接受教育,甚至也没有多余的钱留做退休后使用。

什么可以解决钱的问题

理财智慧可以解决钱的问题。简单来说,理财智慧就是我们用来解决财务问题的智慧,是我们整体智慧的一部分。下面是一些常见的金钱问题:

1. "我赚不到足够多的钱。"
2. "我负债累累。"
3. "我买不起房子。"
4. "我的汽车坏了,可是我上哪儿去弄钱修理呢?"
5. "我有1万美元,可投资什么好呢?"
6. "孩子想上大学,但是我们没有钱供他。"
7. "我留不出足够的钱供退休后使用。"

8."我不喜欢我的工作，但又不能辞职。"
9."我退休了，但积蓄都快花完了。"
10."我付不起手术费。"

理财智慧可以解决上述问题，以及关于钱的其他问题。不幸的是，如果我们的理财智慧没有得到很好地培养，不能够解决这些问题，那么这些问题就会一直存在，它们不会消失。而且在多数情况下，它们会变得更糟，会引发更多的金钱问题。比如，有上百万人不能留足够的钱供退休后使用。如果他们不解决这个问题的话，这个问题就会恶化，随着年龄增长，他们需要在医疗保健上花更多的钱。无论你喜欢与否，金钱总是在影响着你的生活方式和生活质量——当然金钱也可以给你的生活带来方便和一站式服务。金钱提供的选择自由意味着，你外出时可以自由地选择搭便车或坐公交……或乘坐私人飞机。

解决钱的问题可以让你变得更聪明

当我还是一个小男孩时，富爸爸对我说："钱的问题可以让你变得更聪明——如果你有能力解决它的话。"他也说过："如果你解决了你的金钱问题，理财智慧就会增长。理财智慧增长了，你就会变得更富有。反过来，如果你不能解决钱的问题，你会变得更穷。如果你不能解决某些金钱问题，这些问题常常就会带来更多的问题。"如果你想提高你的理财智慧，你就需要成为一个善于解决问题的人。如果你不能解决你的金钱问题,你永远都不能致富。事实上,金钱问题存在的时间越长,你就会变得越穷。

富爸爸用牙疼的例子来说明他的意思,即为什么一个问题会导致另外一个问题。他说:"钱的问题就像牙疼。如果你不能止痛,就会觉得很难受。如果你难受,就会很急躁,就不能很好地工作。而且,如果牙疼不能止住,就会引发更严重的综合征,因为细菌很容易在口腔中滋生并扩散。总有一天,你会因为患有慢性疾病而旷工最后丢掉工作。没有工作,你就没有能力支付房租。如果你不能解决房租的问题,就得流落街头,无家可归,不得不在垃圾桶里找东西吃,健康得不到保障,而这时你的牙仍旧会疼。"

虽然这是一个极端的例子,但给我留下了深刻的印象。我从年幼时就认识到解决问题的重要性,以及不能解决问题会带来严重的连锁反应。

许多人在年轻时和牙开始疼的阶段,不能解决他们的财务问题。他们不但不去解决问题,反而忽视问题,或者无法彻底地解决问题,使问题更加恶化。举例来说,缺钱时,许多人用信用卡解一时之急。很快他们就有一沓厚厚的信用卡账单需要缴清,债主追着他们要钱。为了解决问题,他们申请房屋净值贷款[①]来偿还信用卡账单。问题是,这时他们仍在刷信用卡。结果他们需要偿还房屋净值贷款和更多的信用卡账单。

---

① 房屋净值贷款是借款人以所拥有住房的净值(房产估值减去房贷债务余额)作为抵押或担保而获得的贷款。

为了解决信用卡问题，他们刷新的信用卡来偿还旧的信用卡账单。钱的问题越发严重，令他们感到十分苦闷，所以他们刷新的信用卡去度假。很快他们就没有能力支付房屋贷款或信用卡账单，只好决定宣布破产。宣布破产了，但问题的根源仍没有得到解决，就像牙疼一样。其实，问题的根本在于他们缺乏理财智慧。因为缺乏理财智慧，所以没有能力解决简单的财务问题。很多人并不去解决问题的根源——这个问题的根源是消费习惯——而是选择逃避问题。就像在除草时，如果你不能连根拔起，草不仅很快就会长起来，而且会长得更高。财务问题也是如此。

虽然这些例子看起来有些极端，但它们随处可见。关键在于，财务问题不仅是问题，也是解决问题的契机。如果人们能够解决问题，就会变得更聪明，财商就会提高；一旦变得更加聪明，也就更有能力解决更大的财务问题；如果能够解决更大的财务问题，就会变得更富有。

我喜欢拿数学举例。许多人不喜欢数学。众所周知，如果不能完成数学作业（练习如何解决数学问题），你就不能解决数学问题；如果不能解决数学问题，你就不能通过数学考试；如果数学考试通不过，你的数学成绩就是F。数学得F，就意味着你高中不能毕业。这时你唯一能找到的工作就是在麦当劳打工，赚取微薄的薪水。这是一个小问题逐渐演变成大问题的例子。

相反，如果你刻苦练习解决了数学问题，你就会变得越来越聪明，就能够解决更复杂的数学运算。经过多年的刻苦学习后，你就成了一个数学天才，原先似乎很难的问题现在变得很简单。我们都必须从 2+2 等于几开始学起，那些继续不断学习的人终将取得成功。

贫困的原因

所谓贫困只不过是问题多于解决方法的状态。导致贫困的原因是，人们不能解决问题，被问题压倒了。并非所有的贫困都源于财务问题。造成贫困有各种各样的原因，比如吸毒、找错配偶、生活在治安不良的社区、没有工作技能、没有上班的交通工具或无力支付医疗保健费用等。

今天有些财务问题，比如负债过多和工资微薄，是由超出个人能力控制的情形导致的，这些问题更多地与美国的政策和经济大环境有关。

举例来说，低工资的一个原因是，现在高薪制造业已经转向海外。今天我们有很多的工作机会，但多属于服务行业，而不是制造业。当我还是个孩子时，通用汽车是国内最大的雇主。而今天沃尔玛是国内最大的雇主。我们都知道，沃尔玛并不能提供高薪工作或能支付慷慨的退休金。

50 年前，一个没受过什么教育的人很可能在经济上很富有。一个年轻人即使只有高中文凭，也可以得到一份在汽车或钢铁制造业的高薪工作。但在今天，他们能找到的工作只是烤制汉堡包而已。

50 年前，制造业企业可以提供医疗保健和退休福利。而如今，数以百万计的工人赚的钱越来越少，同时又需要更多的钱来支付医疗费用，以及为退休后的生活留点积蓄。这些问题非但得不到解决，反而一天比一天更严重。它们源自一个大的全国性的问题，远非个人所能左右或解决。它们的根源在于乏善可陈的经济政策和任人唯亲的弊政。

金钱规则已经发生了改变

1971年，尼克松总统取消了金本位制，这个糟糕的经济政策改变了金钱的规则。这是世界历史上最大的一次财政变革，然而很少有人意识到这个变革，以及它对今天经济的影响。为什么今天有如此多的人仍然在为金钱而奋斗，原因之一就是尼克松的这次举动。

1971年，美元死了，因为它不再是金钱——它变成了一种流通货币。金钱和流通货币有很大的差异。

"流通"货币（currency）来自"流通的"（current）这个词，就像电流或海洋的水流一样。这个词意味着运动。简单地说，流通货币需要保持持续的运动。如果停止运动，它很快就会失去价值。如果丢失的价值太多，人们就不再会接受它。如果人们不再接受它，流通货币的价值就会直线下降直到归零。而1971年后，美元的价值开始向零降落。

从历史上看，所有的流通货币的价值最终都会归零。追溯整个历史，很多国家的政府都曾发行过钞票。在独立战争时期，美国政府发行了一种叫"大陆币"的钞票。没用多长时间，这种货币的价值就归为零。

第一次世界大战后，德国政府印刷一种货币以偿还债务，导致德国通货急剧膨胀，德国中产阶级的储蓄随之化为乌有。1933年，大多数德国人身无分文，灰心丧气，他们把希特勒选上台，期望他能够解决经济问题。

同样也是在1933年，富兰克林·罗斯福创造了社会福利制度来解决美国人的金钱问题。尽管社会福利和医疗保险很受欢迎，但实际上是经济灾难，引发了更多的经济问题。如果美国政府印刷更多"假钞"[①]即纸币，来解决社会福利和医疗保险这两个巨大的经济问题，美元的价值就会下降得更快，经济问题也会变得更严重。这并不是一个未来才会发生的问题，它此时此刻正在发生。彭博资讯[②]最近的一项报告显示，自从2001年1月小乔治·布什出任美国总统以来，美元的购买力已经下降了13.2%。

尼克松在美元方面做的改变只是原因之一，导致了如此众多的人负债累累，也导致了美国政府大举外债。1971年当金钱规则发生了改变之后，储蓄者变成了输家，而负债者则变成了赢家。一种新的资本主义形式出现了。今天，当我听到有人说"你应该储蓄"或"为退休攒点钱"时，我怀疑他们是否意识到金钱规则已经改变了。

[①]假钞（funny money）意指纸币只是金钱的符号，它的实际价值通常远远低于它代表的价值。

[②]一家全球性的信息服务、新闻和传媒公司。

在旧的资本主义制度下，储蓄金钱是明智的。但是在新的资本主义制度下，储蓄货币只是愚蠢的财务行为。让货币停止流通，货币就失去了意义。在新的资本主义制度下，货币必须流动。如果货币停止了流动，它将越来越不值钱。货币就如同电流，必须尽快从一项资产转移到另一项资产。货币的目的是获得资产，资产要么增值，要么产生现金流。货币必须很快地用真实的价值来获得真实的资产，因为货币本身的价值下降很快。实物资产如黄金、石油、白银、房屋和股票的价格之所以会上浮，就是因为货币的价值在下降。实物资产的内在价值并没有发生变化，只是为获得实物所花的货币的数量发生了变化。

格雷欣定律[①]表明："当不足值的金币进入流通领域时，人们会把足值金币存储起来。"1971年，美国开始向世界各地输送"假钞"——劣币。在新的资本主义制度下，这意味着今天借了钱明天用更便宜的钱来还。美国政府这样做了，为什么我们不能这样做呢？美国政府负债累累，为什么我们不能负债呢？当你无法改变一个系统时，唯一成功的办法就是掌握并运用它。

由于1971年金钱规则的改变，美元的购买力大幅下降，因此房价暴涨。股票市场火暴，是因为投资者正在为手中的美元寻求

[①]也称"劣币驱逐良币法则"，由16世纪英国金融家、商人托马斯·格雷欣提出。当时市场上流通的是金属铸币，人们发现足值与不足值的铸币可以一样使用，于是，人们就把足值铸币（良币）储藏起来，而把不足值的铸币（劣币）赶紧花出去。结果，劣币把良币赶出了市场，这样市场上流通的货币的实际价值就明显低于它所代表的价值。

安全区。尽管经济学家称之为通货膨胀,但它实际上是钱在贬值。房价上升让房主更有安全感,因为看起来他们的房屋在升值。而实际上,当房屋的价值看似在上升时,美元的购买力却在下降。高额的房价和微薄的工资使年轻人更难以买到他们的第一套房子。如果年轻人无法认识到金钱规则已经发生了变化,随着美元继续贬值,他们以后将比他们的父母那一辈更贫穷。

金钱规则的另一个变化

金钱规则的另一个变化发生在1974年。1974年之前,企业为员工提供退休金。只要退休人员还在世,企业就保障每人得到一份退休金。你很可能已经知道,现在的情况已经迥然不同。

过去的退休金计划是向员工终生支付生活费用,被称为固定福利(defined benefit)或简称为DB型退休金计划。如今,很少有公司仍然执行着此类退休金计划。这是因为执行这些退休金计划花销太大。1974年后,出现了一种新的退休金计划——固定缴款(defined contribution),DC型退休金计划。今天像这样的计划还有401(k)退休金计划[①],IRAs(个人退休账号)和基奥计划[②](Keoghplans)等。简而言之,DC型退休金计划不会对员工终生提供退休保障。如果你和你的雇主有所缴纳的话,你能得到的是

[①]此计划是按美国国内税收总署的税收编号命名的。它允许雇主和雇员对一部分收入进行税收递延。

[②]此计划是一种为自雇人或者非公司型企业雇用的个人的税收延付账户。

你和你的雇主所缴纳的那部分。

《今日美国》曾进行的一项调查发现，今天的美国人最担心不是恐怖主义，而是退休后没有生活费用。这种普遍担忧的原因可以追溯到1974年金钱规则的改变。这种担心不是没有根据的。美国的教育制度并没有用财务知识来武装国民，而这些财务知识是美国人退休后成功投资所必备的。如果说学校教了一些关于金钱的知识的话，他们只是教学生们如何平衡他们的支票簿、怎样选择几只共同基金以及如何及时偿还账单而已——财商教育远远不足以解决我们遇到的财务问题。除此之外，大多数人并没有意识到金钱规则已经发生了改变，即使他们储蓄，他们也不会致富。养老金计划资金短缺，将引发美国下一个严重的经济危机。

不能完全依赖政府的保障

人们担心未来的经济状况，使得社会保险和医疗保险应运而生，政府创建安全保障是为迎合那些不知道如何解决自己财务问题的人的需要。这两个制度都已经破产。医疗保险在亏损运营，社会保险不久也将出现亏损。2008年，7800万婴儿潮[①]中的第一批开始退休，他们中的多数人缺乏足够的退休收入以维持生计。美国政府的有关数据表明，社会保险的债务大约为10万亿美元，而医疗保险的债务约为64万亿美元。如果这些数据属实，那意味着

[①] 指的是某一时期及特定地区，人口出生率大幅提升的现象，在美国特指1946~1964年出生的人。

美国政府需要给退休人员支付74万亿美元，这笔资金比世界上所有的股票市场上的钱还都要多。这是一个需要理财智慧才能解决的大问题。为此投入的钱越多，这个问题会变得越糟糕，甚至会摧毁整个"假钞"系统，使美元价值更接近于零。

为什么富人越来越富

金钱规则发生了改变，正是这些改变使你变得更穷，而且已非你所能控制，这似乎很不公平。的确不公平。致富的关键在于，认识到金钱系统是不公平的，学习金钱系统的规则，并运用这些规则。这需要理财智慧，而理财智慧只能通过解决财务问题才能获得。

富爸爸说："富人之所以越来越富，是因为他们学会了解决财务问题。富人把财务问题看做是学习、成长、变得更聪明和更富有的机会。富人认识到他们的财商越高就可以解决更大的问题，因此就可以赚到更多的钱。富人不会躲避、避免财务问题或假装其不存在，而是欢迎这些问题，因为他们知道这些问题是自己变得更聪明的机会。这就是他们越来越富的原因所在。"

穷人怎样处理金钱问题

谈及穷人时，富爸爸说："穷人仅仅把金钱问题看做问题。许多人觉得他们是金钱的受害者。许多人觉得他们是唯一有金钱问题的人。他们以为如果有更多的金钱就不会有金钱的问题。很少有人知道,他们对金钱问题的态度正是问题所在。他们的态度造成了他们的金钱问题。他们没有能力解决问题或回避问题,只会延长金钱问题的存在时间,并使问题变得更严重。他们不是变得更富有,而是变得更贫困。他们的财商没有得到提高,唯一有所增加的东西就是他们的财务问题。"

中产阶级怎么处理金钱问题

穷人是金钱的受害者,中产阶级却是金钱的囚犯。在谈及中产阶级时,富爸爸说:"中产阶级采用另一种方式解决金钱问题。他们不是去想办法解决金钱问题,而是觉得自己聪明过人,能够智胜金钱问题。中产阶级会花钱上大学,能够得到一份有保障的工作。他们中大多数人很聪明,能赚到钱,借此在他们和金钱问题之间建筑一道防火墙——一个缓冲区域。他们购置房屋,按时上下班,谨慎行事,在公司里稳步升迁,他们还买了股票、债券和共同基金为退休而做储蓄。他们相信自己所受的专业教育足以使他们免受金钱世界的残酷考验与苛刻对待。"

"在50岁时,"富爸爸说,"许多中产阶级发现,他们成为了自己办公室的囚犯。他们中的多数人颇受器重。他们有专业经验,可以赚到足够的钱,并有足够的工作上的安全感。然而,他们深知自己为经济问题所困,但他们缺乏逃离办公室的理财智慧。在65岁时,他们退休,希望再活15年,甚至更长时间,当然他们不得不开始精打细算地过日子。"

富爸爸说:"中产阶级想通过在学术和专业上施展聪明才智来智胜金钱问题。但他们中多数人没有接受过财商教育,这也是他们会重视财务安全而不愿意应对财富挑战的原因。中产阶级不是去成为企业家,而是为企业家工作;他们不是去投资,而是将他们的钱交给理财专家来管理。他们的财商没有得到提高,而继续躲在办公室中忙忙碌碌。"

富人怎样处理金钱问题

细察理财智慧,我们很容易发现,一个人若要变得富有,就必须培养5种核心智慧。本书讲的就是这5种理财智慧。

本书也将谈及"健全"的问题。多数人提到"健全"这个词时,想到的是一个伦理学概念。我要说的并不是这个意思。这里指的是完整、全面的意思。《韦氏大辞典》的解释是:"完全的或不分离的性质或状态。"如果你掌握了我在这本书中写到的5种理财智慧,你就已经获得了健全的财务保障。

富人面对金钱问题时,因他们的财务健全而容易解决问题。这是他们多年来利用5种理财智慧面对和解决问题而培养起来的。如果富人不知道解决金钱问题的办法,他们不会轻言失败而放弃努力。他们向解决问题的专家寻求帮助。在这个过程中,他们在财务问题上变得更有智慧,也更有能力解决以后出现的问题。富人不会轻言放弃,他们不断学习,并且通过学习变得更加富有。

解决其他人的财务问题

富爸爸也说过:"许多人为富人工作,解决富人的金钱问题。"比如,会计为富人数钱记账,销售人员帮富人出售产品,办公室经理管理着富人的生意,秘书帮富人接听电话,并彬彬有礼地接待富人的客户,维修人员保证富人的房屋安全和机器正常运行,律师保护富人不会受到法律诉讼,注册会计师保护富人免受税金困扰,银行保护富人的金钱安全。

富爸爸的意思是,大多数人为解决别人的金钱问题而工作。但是谁又能解决了他们自己的金钱问题呢?他们下班回家后面对着很多问题,金钱问题就是其中之一。如果他们不能在家中处理好自己的金钱问题,那么这个问题,就会像牙疼一样,引发其他诸多问题。

许多穷人和中产阶级为富人工作,而下班回到家中却无法解决自己的金钱问题。他们不是把财富问题当做使自己变得更聪明的机会,而是下班回家后坐在草坪的椅子上,喝喝小酒,吃吃烧烤,看看电视。第二天早上,他们再次回到工作岗位去解决别人的财务问题,使别人变得更富有。

穷爸爸的解决办法

我的穷爸爸曾试着返回学校深造,以解决他的金钱问题。他喜欢学校,在学校里学得很好,而且感觉很安全。他获得了较高的学位，成为博士。拥有高学位后，他希望找到一份薪水更优渥的工作。他尽力想在学术和专业上施展聪明才智，来智胜金钱问题，但是他的理财智慧没有增长。他受过良好教育、努力工作，但不幸的是，良好的教育和辛勤劳作并没能解决他的金钱问题。当收入增长时，他的金钱问题却变得更严重，因为他在回避着问题。他总是试图用学术和专业方法来解决财务困境。

富爸爸的解决方法

我的富爸爸期待财务挑战，所以他开始做生意，积极投资。许多人认为，他这样做只是为了赚更多的钱。实际上，他之所以从事现在所做的工作，是因为他喜欢财务挑战。他寻找有待解决的财务问题，不仅仅是为了钱，而是为了使自己变得更聪明，为了提高自己的财商。富爸爸经常用高尔夫球比赛来比拟他的金钱哲学。他总是说："钱是我的得分，我的财务状况是我的得分卡。金钱和财务状况会告诉我，我是多么聪明，我很擅长玩这个游戏。"简单地说，富爸爸之所以变得更富有，是因为金钱游戏就是他擅长的游戏……他想成为金钱游戏中的最佳玩家。随着年龄逐渐增长，他会越玩越好。他的财商提高了，金钱也大量流入他的口袋。

玩游戏

在接下来的章节中，我将详细讲解5种理财智慧，如果你想提高你的财商,并获得财务健全,你就必须培养这些智慧。尽管培养这 5 种理财智慧不太容易,可能需要终生努力,但好消息是很少有人了解这 5 种理财智慧,很少有人在努力培养财商来提高他们在金钱游戏中的得分。仅凭知道了这 5 种理财智慧,你就会比社会上 95% 的人更有能力来解决金钱问题。

就我个人来说,我用专门时间来提高这 5 种理财智慧。我的财商教育永不停止。起初,我提高财商的过程充满困难和曲折——和我打高尔夫球一样——遭遇了很多失败,损失了很多金钱,经历过很多挫折,我甚至对自己的能力产生了怀疑。

起初,我的同学比我赚的多。今天,我比我的大多数同学赚的都多很多。尽管我享受拥有金钱的感觉,但我基本上是为迎接财务挑战而工作。我喜欢学习,我之所以工作,是因为我喜欢金钱游戏,并且我想成为玩得最棒的赢家。很久以前,我就可以退休了。我已经拥有了足够多的金钱。但是如果我退休,接下来做什么呢?打高尔夫球?高尔夫球不是我的游戏。它只是我的一项消遣。生意、投资和赚钱才是我的游戏。我喜欢我的游戏,我对这个游戏充满激情。如果我退休,我就会丧失激情,没有激情,生活又有什么意思呢?

谁该玩金钱游戏

每个人都应该玩金钱游戏吗?我的答案是"应该",不管你喜欢不喜欢,每个人都已经在金钱游戏中了。不管是富人还是穷人,我们都参与了金钱游戏。不同的是，有些人玩得更努力，更懂得利用规则。有些人更专注，更富有激情，更愿意学习并取得胜利。当谈到金钱游戏时，多数人正在玩——如果他们知道自己在玩的话——不是为失败而玩而是为能赢而玩。

既然不管怎样我们都参与了金钱游戏，那么比较有用的问题可能是：

- "你在学习金钱游戏吗？"
- "你愿意赢得游戏吗？"
- "你对学习有激情吗？"
- "你愿意尽力做到最好吗？"
- "你想尽可能的富有吗？"

如果你的答案是肯定的，那么请继续往下读。本书就是为你而写的。如果你的回答是否定的，那么你可以去读更简单的书，去玩更容易的游戏。就像高尔夫球运动一样，虽然有很多的专业高尔夫球手，但是仅有少数是富有的专业高尔夫球手。

小结

在 1971 年和 1974 年，金钱规则发生了两次重要的改变。这些改变在全球范围内引发了大量的财务问题，这些问题需要更多的理财智慧才能解决。不幸的是，我们的政府和学校都没有正面应对这些改变或解决这些问题，所以，今天的财务问题才会如此严峻。我所看到的是，美国正由世界上最富有的国家变成了世界上最大的债务国。

许多人希望政府能解决他们的财务问题。但政府对自己的问题都无能为力，我不知道它又怎么能解决你的问题。在我看来，解决自己的问题要靠自己。好在一点：如果你能解决金钱问题，你就会变得更聪明、更富有。

在第一章里，你需要记住的是，不管是富人还是穷人，都有金钱问题。要变得富有，要提高财商，唯一的办法就是积极地解决你的金钱问题。

穷人和中产阶级往往回避着金钱问题或假装没有金钱问题。这种态度是他们的金钱问题持续存在的根源，假如的确如此，那么他们的理财智慧就增长得很慢，也许根本不增长。

富人积极地应对财务问题。他们知道，通过解决财务问题会使他们变得更聪明，并提高他们的财商。富人们知道是理财智慧而不是金钱，最终使自己变得富有。穷人和中产阶级的问题在于他们没有足够的钱，而富人的问题是钱太多了。以上两个问题都是现实而合理的。关键在于，你想要其中哪种问题呢？如果你想要第二种问题，那就继续往下读吧。

第二章
5种财商

INCREASE YOUR
FINANCIAL
IQ

5种基本的财商。它们是：

第一财商：赚更多的钱

第二财商：守住你的钱

第三财商：预算你的钱

第四财商：撬起金钱的杠杆

第五财商：改善你的财务信息

理财智慧与财商

我们中大多数人都认为，智商130的人应该比智商95的人要聪明一些。财商也是同样的情况。你可能拥有天才般的智商，但你可能只有低能儿的财商。

我经常被问到："理财智慧和财商有什么不同呢？"我的回答是："理财智慧是我们头脑智慧的一部分，是我们用以解决财务问题的智慧。而财商是对理财智慧的量化后的值，它关系到我们如何量化我们的理财智慧。举个例子来说，如果我赚了10万美元、缴纳了20%的税,那么比起那些赚了10万美元但缴纳了50%的税的人,我的财商要高。

在这个例子中,税后净赚8万美元的人要比税后净赚5万美元的人有更高的财商。这两个人都拥有理财智慧,但得到更多钱的人有着更高的财商。

衡量理财智慧

第一财商:**赚更多的钱**。我们大多数人都有足够的理财智慧去赚钱。你赚的越多,第一财商就越高。换句话说,一年赚100万美元的人比一年赚3万美元的人的第一财商要高。再者,对于一年都赚100万的两个人,其中缴纳税金较少的人的财商要高一些,因为他或她能够发挥第二财商——守住钱,从而离实现财务健全的目标更近一些。

我们都知道,在学校里有很高的学术造诣的人在现实社会却赚不到更多的钱。比如我的穷爸爸是一名优秀的教师,他努力工作,学术智商很高,但财商很低。他在学术方面很出色,但生意却做得很糟糕。

第二财商:**守住你的钱**。一个显而易见的事实是,你的钱财很容易被拿走。但并不是所有拿走你钱财的人都是骗子或罪犯。我们钱财的一项支出的是税收,政府合法地分享了我们的钱。

如果你的第二财商低,就会缴纳更多的税。例如,有的人缴纳20%的税,有的人缴纳35%的税,纳税较少的人显然有较高的财商。

第三财商：预算你的钱。这需要很多的理财智慧。许多人像穷人一样做预算，而不是像富人那样做预算。许多人赚很多钱，却做不到拥有很多钱，只是因为他们预算做得很差。举个例子，年收入 3 万美元、花了 2.5 万美元、投资了 5000 美元的人，与年收入 7 万美元并全部花掉的人相比，前者的第三财商要高。不管你赚的多或赚的少，要能够生活得很好，并把一部分钱用于投资，这就需要高水平的理财智慧。想要有余钱做投资，你就必须积极地做好预算。关于盈余预算，后面我们会详细谈到。

第四财商：撬起金钱的杠杆。做好盈余预算后，接下来要面对的财务挑战就是撬动金钱的杠杆。大多数人会把余钱存入银行。在 1971 年美元成为一种流通货币之前，这是一个聪明的想法。而在 1974 年后，人们需要为自己的退休生活做储蓄。数百万计的工人不知道该投资什么，所以他们将余钱投资到多元化投资组合的共同基金，期望这些钱能增值。

虽然储蓄和多元化投资是使金钱增值的一种做法，但还有更好的方法来使你的钱增值。如果你诚实的话，就不得不承认储蓄和投资共同基金并不需要太多的理财智慧。你甚至可以训练一只猴子去做这两种投资，这也是这两种投资的收益往往都很低的原因。

我们用投资回报来衡量第四财商。举例来说，与用自己的钱赚取了 5% 投资回报的人相比，那些赚取了 50% 投资回报的人第四财商要高。与那些投资后赚取 5% 而要为所得纳 35% 税的人相比，那些赚取 50% 并且免税的人的第四财商要高。

另外，许多人都认为投资高回报就意味着高风险。事实并非如此。在本书后面的章节中，我将会解释我如何获得高出一般水平的回报，却不需纳税或只纳很少的税，而且风险很低。对我来说，投资多元化投资组合的共同基金和在银行储蓄，比我所做的投资风险大得多。做到这一切需要的就是理财智慧。

第五财商：改善你的财务信息。常言道："在会跑之前要先学走路。"理财智慧也是如此。在学会如何赚取高额投资回报（第四财商：撬起金钱的杠杆）之前，人们需要先学走路——也就是说，先学习理财智慧的基础知识和基本原理。

之所以有这么多人在第四财商"撬起金钱的杠杆"方面举步维艰，原因之一是他们被误导而把自己的钱交给理财"专家"，例如他们储蓄的银行家和他们投资的共同基金的管理者。如果你把钱财交给这些理财专家，你就无法学习，无法提高理财智慧，无法让你自己变成理财专家。如果由其他人管理你的钱财，解决你的财务问题，你就无法提高自己的理财智慧。实际上，你正在奖励他人解决他们的财务问题——但用的是你自己的钱！

如果你有扎实的财务基础，那么提高你的理财智慧就很容易。但如果你的财商比较差，那么新的财务信息就会让你不理解，在你看来似乎没有什么价值。还记得我提到过的那个例子吗？数学天才仍然需要从2+2开始学习！致力于财商教育的一个好处在于，随着时间的推移，你就能更好地掌握更复杂的财务信息，就像经过了多年练习后，数学家能够解答更复杂的数学运算一样。但是，我再强调一遍，在你学会跑之前要先学习如何走路。

我们大多数人都有过这样的经历，在上课、听演讲或谈话时，我们觉得获得的信息超过了我们的接受能力。或者课程信息太复杂，我们试图去理解，却很伤脑筋。这种情形就意味着，要么老师很差劲，要么学生需要一些更基础的知识。

我个人在财务信息方面做得很好。经过很多年的学习之后，我可以坐在教室里理解大多数的金融概念。然而谈到科技时，我是一个科技"白痴"或者说是一只"菜鸟"，我甚至不会用手机或启动电脑。几乎所有科技信息都不会进入我的大脑，就科技智商而论，我处于最低水平。关键是我们都知道必须从哪个地方开始。如果现在我去报班上网页设计课程，可能会遇到大麻烦。在想要去设计网页前，我先要学习怎样启动电脑。要在课堂上取得成功，所需信息的基本水平高出了我的接受能力。

在本书中，我的工作就是尽可能地简化财务信息，让你更容易理解这些非常复杂的理财策略。我向你承诺，在本书中，我写的一定是我已经做过的或现在正在做的事情。如你所知，有很多老师和作家会告诉你应该做什么，但是不要盲目听从他们的建议。因为许多理财专家和老师并不知道，他们所谈论的或所写的是不是真的行得通。换句话说，许多人所说的话并没有经过实践的检验。

比方说，许多理财专家建议储蓄和投资多元化组合的共同基金。这个建议的问题在于，提出建议的人并不知道，随着时间的推移这个建议是否仍行得通。这样的建议听起来不错，也很容易做。遵循这种建议不需要太多的理财智慧。我的问题是："这个建议行得通吗？"理财顾问能向你保证，运用这个策略你就可以实现财务安全吗？如果美元贬值，甚至一文不值，你的所有积蓄化为乌有怎么办呢？如果股市像1929年一样崩溃，又怎么办呢？投资多元化组合的共同基金能幸免于股市恐慌和崩溃吗？如果美元的购买力下降，发生了严重的通货膨胀，1升牛奶要花100美元，那会出现什么情况？你能买得起牛奶吗？如果政府没有能力给老年人提供社会保险和医疗保险，又会发生什么呢？

不管什么时候，当我听到理财专家建议说"储蓄和投资多元组合的共同基金"时，我都会退避三舍。我想问那位专家："你能确保这个理财策略管用吗？你能确保这个理财策略可以为我和我的家人今后的生活提供经济保障吗？"如果这位理财专家诚实的话，他不得不说："不，我无法保证我给你的理财建议可以使你获得经济保障。"

我也不能向你保证，遵循我的建议就可以使你和你的家人将来的经济高枕无忧。简单地说，未来有很多变化和意外。这个世界变化得太快了，金钱规则已经发生了变化，并且仍将继续变化。飞速发展的科技正将贫穷的国家变成经济强国，并造就更多的富人和更多的穷人，以及更大的财务问题和财富机遇。

我之所以写这本书，谈及金融产品和强调这5种理财智慧的重要性，就是因为我相信美国和世界正在发生着你我都未曾经历过的经济剧变，而且有太多的金融问题仍没有得到解答。我们没有运用理财智慧去解决这些问题，而是用很多"假钞"来"砸"这些问题。我们一直在用旧的观念来解决现代的问题。用旧观念解决新问题，只会造成更大更新的问题。所以我深信5种理财智慧是重要的，如果你能发展这5种理财智慧，那么在飞速发展的世界中，你会有更好的致富机会。你能更好地解决你的财务问题，并提高你的理财智慧。

照我说的做

我想向你保证，我只写我正在做的或者已经做过的事情。所以本书的大部分内容将以故事的形式展开，而不是讲述理财的理论。这并不意味着我建议你做我所做的事，也不意味着我所做的事会对你有用。我只是想与你分享我的经历，分享我持续至今的解决财务问题的旅程。我与你分享我所学到的，来帮助你提高你的第五财商：改善财务信息。

我明白我并未提供所有问题的答案，我不知道自己是否能在特大金融风暴中保全自己。但我知道，不管未来遇到什么样的问题或挑战，我都只把它们看做使我变得更聪明和提高财商的机会。遇到新问题也不恐慌，我相信我的理财智慧可以帮我作调整，适应新情况并取得成功。我希望你也可以做到，这就是我成立富爸爸公司以及创作富爸爸系列图书的初衷。我讲述的不是要找到解决财务问题的正确答案，而是拥有优秀的理财能力。正如我的富爸爸所说的："答案关乎过去，而能力面向未来。"

其他的智商

我们每个人都是不一样的。我们有不同的兴趣和好恶，我们有不同的优点和缺点，我们有不同的才能和天赋。

我这样说是因为我认为理财智慧不是最重要的智慧，也不是唯一的智慧。理财智慧只是我们每个人都需要的一种智慧，因为我们生活在一个金钱的时代——更确切地说，是货币时代。正如我的富爸爸所说的："不管是穷人还是富人，不管是聪明的还是不聪明的，我们都要用到钱。"

有很多智慧（如医学智慧）很重要。每次我去看病，都很感激医生，因为他一生致力于发展他的医学智慧和才能。我很高兴不管遇到什么样的医疗保健问题，我有足够的金钱和保险金来支付。对此，富爸爸说："钱不是生命中最重要的东西，但钱影响着我们的全部生活，钱很重要。"仔细思考一下就会发现，金钱影响了我们的生活水平、健康状况和受教育程度。研究表明，穷人的健康状况比较差，受教育程度比较低，而且平均寿命比较短。

在继续讨论5种理财智慧前，我想说明一点，我认为理财智慧并不是所有智慧中最重要的，钱也不是我们生活中最重要的东西。然而，如果你静下心来好好想想，就会发现理财智慧影响着许多事情，而这些事情对你和你的生活都很重要。

其他类型的智慧

如今，有很多智慧是我们生存和成功所必需的。3种重要的智慧如下：

1. **学术智慧**。学术智慧是我们读、写、做数学题以及处理计算机数据的能力,这种智慧非常重要。我们用学术智慧解决一些问题,比如,预计在何地、何时会发生飓风,可能会带来什么样的破坏。

2. **专业智慧**。我们用这种智慧来学会一项技能以及赚钱。比如医生会花很多年时间来发展这非常重要的智慧。医生的技能会帮他赚取相当不错的收入,并解决许多人的问题。

简单来说,专业智慧就是我们用来解决问题的智慧,人们很愿意为问题的解决方案付钱。如果我的车坏了,我很愿意付钱给汽车修理工人,让他们帮我修车。我也很高兴付钱给我家的管家。因为她为我和妻子解决了做家务的大问题,她在我们的生活中很重要。

在我的事业方面,有不同的人负责管理我的不同生意。这些人有很好的管理才能,也有很好的技术才能。因此这些人和他们各种各样的才智很重要。我的富爸爸给了我一个重要的教导,就是不同的生意需要不同的技术才能。比方说,在富爸爸公司,我需要杰出的商业管理和人力资源管理人才。在房地产生意方面,我需要技术人员,比如有行业执照的水管工和电工。

3. **健康智慧**。健康和财富密切相关。医疗保险和保持健康迅速地成为整个世界面临的最大问题。社会保险仅仅是 10 万亿美元的问题,而医疗保险则是 64 万亿美元的问题。如你所知,有很多人通过使别人生病而发家致富,垃圾食品、软饮料、香烟、酒精和处方药产业都在此列。而且,解决这些问题所需要的费用都来自国家税收。

几个月前，我去一个青少年发展俱乐部，帮助他们开展财商教育项目。这次经历开阔了我的眼界。在与一位牙科医生聊天中，我了解到城市贫民区的孩子无法上学的主要原因是牙疼。而牙疼的原因是饮用了含糖饮料和缺乏牙科医生。这一点不仅导致健康欠佳和肥胖症，进而引发了糖尿病。国会将数十亿美元投入战争，却无法为所有的孩子提供健康教育和医疗保险，我个人认为这是个悲剧。

我想说的是，为了能在新世界里过得顺顺利利，我们需要不同类型的教育和智慧。虽然我认为理财智慧并不是最重要的智慧，但它的确影响着每一件重要的事情。

不是每个人都需要理财智慧

如果你很幸运地继承了一笔财产，你就不太需要理财智慧——你只要雇用有理财智慧的人就可以了；如果你打算为钱而结婚，你也不太需要理财智慧；如果你是天才，在你年幼时就拥有了很多的金钱，那么你也不太需要理财智慧——只要你不像M.C.汉默那么倒霉就行。

如果你打算终生为政府工作，退休后可以领取养老金；或者如果你为旧工业时代的公司——例如通用汽车公司——工作，这些公司仍然采用固定福利退休金计划，能为你终生提供工资和医疗福利，在这些情况下你都不太需要理财智慧。

如果你像大多数人那样工作和生活，那么你需要一些理财智慧才能在现今社会中生存,即使你计划依靠社会保险和医疗保险。实际上,如果你打算靠这么点钱过活,那么你可能需要更多的理财智慧。

谁需要更多的财商

对下面所示的现金流象限图考查一番,我们就能更容易地理解谁更需要财商。

对于那些没有读过富爸爸系列之二《富爸爸财务自由之路》的读者,我这里做一下简单解释。现金流象限讲的是组成金钱世界的4种不同人群。

E 代表雇员
S 代表一些小企业主,自由职业者或专业人士
B 代表大企业家(拥有500名或更多员工)

I 代表投资人

那些处在 E 象限的人可能认为自己并不需要理财智慧。处于 S 象限的人也持同样的想法。

我的穷爸爸是一名教师，他一生的大多数时间都处在 E 象限，不怎么重视理财智慧。直到失去工作进入商界后，他才认识到理财智慧的重要性。在不到一年的时间内，他赔光了所有的积蓄和退休金。如果没有社会保险和医疗保险，他可能会深陷经济危机之中。

我的妈妈是一名护士，她希望我成为一名医生。因为她知道我想致富，而她认识的最有钱的人就是医生。她想要我进入 S 象限。显然，在那些医疗事故保险费飞涨之前，医生的日子还是很好过的。另外，作为一名护士，她看不出人们需要理财智慧。她给我的建议只是找一份高薪工作。然而，如你所知，很多拥有高薪工作的人并没有钱。

如果你想成为在 B 象限的企业家，或者在 I 象限的专业投资人，那么理财智慧就是你的一切。对于 B 象限和 I 象限的人来说，理财智慧是非常必要的，因为这是帮你赚钱的智慧。对于 B 象限和 I 象限的人来说，如果理财智慧越高，收入就越高。

富爸爸对我说："你也许会成为一名成功但贫穷的医生，也可能成为一个成功但贫寒的教师，但你无法成为一个成功而贫穷的企业家或投资人。在 B 象限和 I 象限，成功用金钱来衡量。这就是理财智慧如此重要的原因。"

小结

1971年后，美元已不复从前的风光，仅仅是一种流通货币。1974年，企业不再为员工支付可以维持终生的退休金。这两个重要改变带来的结果就是，理财智慧变得比以往更重要。虽然理财智慧对每个人都很重要，但是它对某些人来说尤为重要，特别是那些计划在B象限和I象限发展事业的人。

我们的学校没有教给学生更多的关于金钱的知识，原因之一是，大多数老师来自E象限，因此学校使学生们成了E象限和S象限的候选人。如果你打算在B象限和I象限发展你的事业，那么这5种理财智慧是必要的，但你在课堂上学不到这些。

总之，这5种财商是：

第一财商：赚更多的钱

第二财商：守住你的钱

第三财商：预算你的钱

第四财商：撬起金钱的杠杆

第五财商：改善你的财务信息

我们用理财智慧来解决具体的财务问题，用财商来测试或量化我们解决问题的结果。

下面我们进入第一财商：赚更多的钱。

第三章
第一财商：赚更多的钱

INCREASE YOUR FINANCIAL IQ

我在位于纽约州金斯角的美国商船学院度过了4年大学生活，1969年毕业后我得到的第一份工作，在加州标准石油公司的油轮上做船员。我成为三副，航行于加州、夏威夷、阿拉斯加州和塔希提岛之间。标准石油公司是一家不错的公司，我的工作也很不错。我每年只需要工作7个月，有5个月可以休假，我可以周游世界，收入也相当可观，年薪约4.7万美元——相当于今天的14万美元。

在1969年，对于一个刚刚走出大学校门的新人来说，4.7万美元是一笔不小的数目。但与我的一些同学相比，我的收入仍然比较低。有些同学做三副的底薪约为每年7万～15万美元，相当于今天的年薪25万～50万美元，只是底薪而已。对于一个刚刚走出校园的22岁的年轻人来说，这相当不错。

我的收入较低是因为加州标准石油公司不是一家联合海运公司，而我的那些高收入的同学都是为联合公司工作的。

仅干了4个月三副后，我就辞去了标准石油公司的工作，参加了海军陆战队，去越南战场作战。我感到有责任为祖国服务。那个时候，我的许多朋友想方设法逃避兵役。许多人开始攻读研究生学位，还有一位逃到了加拿大。其他人则想出一些奇怪的疾病，希望被定为 4-F 级，这样从医学角度来判断就无法参军。

我本是免服兵役的，因为我在非防御性的重要工业企业中工作。石油是战争必需品，我在石油公司工作，征兵部门是不会找我的。我没有必要像我的朋友们那样逃避兵役。当我自愿参军去前线时，许多朋友都非常惊讶。我不是必须参军，而是想参军。

对我来说，上战场作战并不是我作决定时最艰难的部分。1966 年我还是一名学生时已经去过越南，在金兰湾学习货运操作。当时我天真地认为，战争看起来是一件令人兴奋的事情。至于战斗、厮杀和可能会丢掉性命，我并不担心。

最难作决定的是我不得不接受削减工资的事实。海军陆战队少尉的年薪是 2400 美元。而在加州标准石油公司，我两个星期就可以赚到这个数。而且，我本可以一年工作 7 个月而休假 5 个月，我却要放弃很多东西。一年当中只要工作 7 个月，每个月赚 7000 美元，另外 5 个月休假，没有收入，但不必担心因为不工作而被解雇。这活儿真不错啊。即使在今天，仍然会有很多人想从事这样的工作。

当我说我要离职去当兵时，标准石油公司作为一家爱国的公司表示非常理解我的决定。他们说可以为我保留职位——如果我活着回来的话，我服役的时间也会计入工龄。

直到今天，我仍然可以回想起走出位于旧金山商店大街的办公室时的痛苦感受。我不停地问自己："你正在做什么？你算什么？你不是必须离开的。你不是必须上战场。你可以免服兵役。上了4年的大学，你终于能赚到大笔钱了。"从一个月赚4000美元下降到200美元的想法折磨着我，我几乎想转身回去工作。

我看了标准石油大楼最后一眼，然后开车前往吉尔德利巧克力广场，在我最喜欢的酒吧波纳维斯达像阔佬那样尽情挥霍。我想自己将成为水兵，每个月只赚200美元，这可能是我最后一次觉得自己富有，最后一次像富人一样花钱了。我口袋里有很多现金，我想尽情享受。

我做的第一件事就是为酒吧里的每位顾客买了一杯酒。现场气氛很热烈，很快一个被我的钞票吸引的漂亮姑娘来到我身边，我们一起离开了酒吧。我们一起喝酒，一起吃饭。我们开怀大笑，疯狂吼叫。在我的心中，只有吃喝玩乐是真实的，因为明天我可能会死去。

那天晚上结束的时候，那个可爱的姑娘捧着我的头，亲吻我的脸颊，然后乘出租车离开。我想要更多，但她只想要我的钱。第二天早上，我开车从旧金山出发前往彭萨科拉，那儿是我即将开始飞行训练的地方。1969年10月，我到飞行员学校报到。两周后，当我拿到税后的月薪200美元时，我难过得几乎要崩溃了。

我在部队度过了5年，其中一年待在越南，后来我从海军陆战队光荣退役。我面临的首要而直接的挑战就是第一财商：赚更多的钱。那年我27岁，有两个非常好的职业可以选择，一是船员，二是飞行员。

有一阵子，我考虑重返标准石油公司工作。我喜欢标准石油公司，喜欢旧金山，更喜欢那份薪水。我可以从年薪6万美元做起，因为标准石油公司会把我在海军陆战队服役的时间计入我的工龄。

我的第二个选择是在航空公司做飞行员。我的大多数战友都在从事这样的工作，我的起薪是年薪3.2万美元，也很不错。尽管薪水不如标准石油公司，但是做一名飞行员很吸引我。再说，不管航空公司付我多少薪水，总会比我服役5年后拿到的月薪985美元要高吧。

不过，我既没有回标准石油公司工作，也没有去航空公司做飞行员，却在位于火奴鲁鲁市区的施乐复印机公司找到了一份工作，起薪是每月720美元，我的薪水再一次大打折扣。我的朋友和家人都以为战争使我性情大变。

现在，你可能会问，我为什么会选择在一个像火奴鲁鲁这样高消费的城市，做一份月薪只有720美元的工作？从本书的主题中，你可以找到答案：提高财商。我选择施乐公司不是为了薪水，而是为了提高我的理财智慧——特别是第一财商"赚更多的钱"。我已经断定，对于我来说，赚钱的最好方式是成为企业家，而不是当飞行员或船员。我知道，如果想成为一名企业家，就要学会销售技巧。但我身上唯一的问题是：我很害羞而且害怕被拒绝。

我的问题出在个性害羞以及缺乏销售技能上，施乐公司可以提供专业的销售培训。他们需要销售员，而我正想成为一名销售员，所以这是一件好事，我们双方皆大欢喜。在我就职后不久，公司把我派到弗吉尼亚州李斯堡市的培训总部。我的销售培训正式开始。

从1974年到1978年，我在施乐公司非常艰难地工作了4年。

头两年，有很多次我差点被解雇，因为没有售出产品。我不仅卖不出产品，随时可能丢掉工作，而且也赚不到什么钱。但是我的目标是成为火奴鲁鲁杰出的销售员，而且下决心去正视这个挑战。

两年之后，我的销售培训和在街头推销的经历终于有了回报，我实现了目标，成为火奴鲁鲁分公司的最佳销售员。我已经克服了害羞和害怕被拒绝的心理障碍，而且学会了销售。更好的是，我现在赚的钱比我做船员或飞行员要多得多。从战场上回来后，如果我只安心做一份工作，那么就将无法克服我对被拒绝的恐惧和害羞的个性，我将永远得不到正视挑战、战胜挑战的奖励。我从施乐公司的工作经历中学到了非常有价值的一课：解决财务问题是通往财务自由的道路。

我实现了成为最佳销售员的目标后，就辞去了工作，继续下一个挑战——创业。任何一个成功创业的人都知道，对于开始创业的人来说，首要的问题是第一财商：赚更多的钱。因为我现在没有分文进账，所以必须尽快解决第一财商的问题。

在辞职前

在我之前写的《富爸爸成功创业的10堂必修课》一书中，我讲述了我第一次创业的过程，第一次将尼龙和维可牢搭扣的"冲浪者"钱包推向市场。在那本书中，我写到了每种生意都由8个元素组成，而不知道如何拥有这8个元素是许多人失败和不赢利的原因所在。我相信，对于任何一个想成为企业家和开始自己做生意的人来说,那本书都非常重要。在你辞职之前,很有必要读读那本书。

在那本书中,我写到我的生意在约一年时间内大获成功,使我成为百万富翁,而后又突然失败。我谈到了那种沮丧和失败的感觉和想逃避的强烈愿望。我负债累累,不得不面对有生以来最大的财务危机。

然而,富爸爸鼓励我正视问题并从头开始我的生意,而不是逃避问题,宣布破产。他提醒我,解决这个糟糕的问题会提高我的理财智慧。这或许是我收到的最好建议。尽管很痛苦,但正视问题和重建企业的过程是我所能得到的最好教育。我花了几年时间来解决问题,重建企业,这个过程不仅提高了我的第一财商,还使我成为了一个财务上更聪明的企业家。

在生意惨败后东山再起,这个过程就是我的商学院。我必须做的第一件事就是把生意的8个部分融合在一起,形成B象限和I象限的三角形。我必须做的第二件事是,要发现一个有竞争力的利基市场①来重新定位我的生意。想想看,在1981年,也就是我东山再起的那一年,市场上充斥着许多其他品牌的钱包,来自韩国、中国台湾和印度尼西亚等国家和地区的尼龙钱包正涌入世界市场。我当时定的尼龙钱包零售价是10美元,而在怀基基海滩及世界市场则跌至1美元。尼龙钱包已经成为一种日用品,正如你

---

①即空缺市场。在市场经济中,一些企业专注于市场的某一部分环节,不与强势企业正面竞争,而是通过专业化经营,见缝插针地占据有利市场,又称缝隙市场、针尖市场等。

所知，日用品市场正被低价产品生产商抢占。为了在日用品市场上竞争，我需要找到一个利基市场，我需要变成品牌生产商，而摇滚乐带来了机会。

正如我在《富爸爸成功创业的10堂必修课》中所讲的那样，我偶然进入了摇滚乐市场中，我获得了授权，在钱包上印上摇滚乐队的名字，从而挽救了生意。很快，我就用范·海伦、犹太圣徒、杜兰杜兰合唱团、铁娘子合唱团、乔治男孩以及其他乐队和合唱团的形象生产钱包。因为我生产的是获得合法授权的产品，所以钱包的零售价重新调回到10美元。虽然我必须向乐队支付版权使用费，但是美国和全世界的零售商已经向这种合法的摇滚产品打开了大门。我的生意欣欣向荣，钱财滚滚而来。

我已经说过，提高你的理财智慧的方法，就是解决摆在你面前的问题。到1981年，我已经解决了重建生意的问题。随后，又一个问题出现了：虽然击败了那些低价竞争者以及模仿我的产品来赚钱的生产商，我却也遭受损失，元气大伤。

这个问题是出现了大量盗版产品。正是那些曾抄袭我的第一个产品——尼龙钱包——的人，现今又在扰乱我那具有竞争力的利基市场。他们开始生产我获得合法授权的同类产品，并以较低的价格出售，但他们却不用向乐队支付版权使用费。

在与盗版商们斗争了几个月后，我意识到在这个过程中唯一能致富的是我的律师们，他们为我在法庭上辩护而向我收钱，却不能取得胜利。因为盗版商比我的律师们更聪明、动作更快。所有律师都告诉我，他们需要更多的钱来帮我维权。没过多长时间，我就意识到自己是在给另外一群"海盗"①付钱,这些"海盗"(即我的律师们)只是假装站在我这边。我正在学习有关做生意和金钱的另一课,非常有价值的一课,这将会在下一章"第二财商:守住你的钱"中提到。

有句谚语这样说:"如果你不能打败他们,就加入他们。"我厌倦了在失败的战场上浪费金钱,于是解聘了那些律师,飞往韩国、中国台湾和印度尼西亚与盗版商们联合起来。我不与他们在法庭上见高下,那样费用比我赚的钱还多,我授权竞争者们为我生产钱包。产品成本下降了,律师费下降了,而且有更好的工厂为我搞好生产。我现在只要做我做得最好的事情——销售。生意再次兴旺起来,很快我们的产品出现在百货商店里和摇滚音乐会上。1982年,新的电视网络即音乐电视(MTV)开播了。我们的生意再次兴旺发达,钱财滚滚而来。

1984年1月,我把"摇滚"尼龙钱包的股份卖给了我的两个合作伙伴。我和我妻子金离开夏威夷,迁居加州开创我们的商业教育公司。我没有想到出售产品和出售教育竟如此不同。1985年是我们最艰难的一年。我们花光了所有的积蓄,很快资金不足成了主要的问题。之前我曾经破产过,但是我妻子没有。她与我在一起是因为她天性愿意接受挑战——而不是因为我长得帅气。我们一起工作,建立了一个国际商业指导基金会,在美国、澳大利亚、新西兰、新加坡和加拿大成立了办事处。1994年,我们卖掉了生意

---

①海盗的英语单词是Pirate,Pirate也有"盗版"的意思。前文的"盗版"和这里的"海盗"都用了Pirate这个单词。

宣布退休，来自房地产投资的被动收入①足以让我们安度余生。

但是……我们耐不住寂寞。度过了短暂的退休生活，在1996年，我们推出了"现金流"桌面游戏。在1997年，我们自主出版发行了《富爸爸穷爸爸》一书。2000年年中，著名节目主持人欧普拉·温弗瑞邀请我上了她的节目一小时，接下来发生的事情想必大家都知道了。今天，富爸爸公司已成为一家国际性企业。这样的成功主要归功于我从之前生意的起落中所获得的经验教训。如果不能从解决问题中学习，那么我就不可能有今天的成就。如果我放弃或任凭失败把我压倒，那么此刻你也就不会读到这本书了。

每个目标都有一个过程

我们都知道，要达到任何一个值得去做的目标都需要一个过程，都需要付出努力。比如想成为一名医生，就需要接受严格的教育和培训。许多人都梦想成为一名医生，但是艰难的过程阻挡了他们前进的步伐。在上文中，你刚刚读了我达到目标的过程，让我告诉你，这个过程就是工作。

人们缺乏第一财商"赚更多的钱"。原因之一就是他们想要钱，但不想经历过程。许多人都没有意识到使他们致富的是过程，而不是金钱。许多彩票赢家或继承万贯家财的"骄子"很快就破产，原因之一是他们接受了金钱，但没有经历这个过程。另一些

---

①被动收入指不需要工作就能赚取的收入。

人不能致富的原因在于，他们更看重一份稳定的收入，而不是在理财问题上变得更聪明从而更富有的学习过程。他们被贫困的恐惧吓坏了，正是这种恐惧使他们无法抓住机会，也解决不了如何致富的问题。

我们都不一样

我们每个人都不一样，都有不同的优点和缺点。我们都会经历不同的过程，面临不同的挑战和不同的问题。有些人天生就是销售员，但我不是。我的第一个问题就是我无法克服销售和被拒绝的恐惧感。有些人天生就是企业家，但我不是。我必须学习如何成为一名企业家。

我这么说，意思并不是说你应该学习销售，或者你应该学习成为一名企业家。那是我的过程，但可能不是你的过程。要提高你的第一财商"赚更多的钱"，第一步就是要决定赚更多钱的最好方式是什么。如果你的方式是成为一名医生，那么就为进医学院做准备。如果是成为一名杰出的高尔夫球选手，那么认真练习打球进洞。换句话说，选择你的目标，然后选择你的过程。请永远记住，过程比目标更为重要。

情感智慧

这里很重要的一点是，你要认识到理财智慧也是情感智慧。

世界上最富有的投资人沃伦·巴菲特说:"如果你无法控制你的感情,你就无法控制你的金钱。"你所要经历的过程也是同样的道理。我最艰难的经历是,在沮丧时我没有退出,在失败时我没有丢掉勇气,在想前进时我继续学习。

许多人在过程中就失败了,另一个原因是他们只要一时得不到满足就受不了。我之所以提到在创业之初我接受低收入的工作,主要就是为了说明延迟满足感的重要性。许多人为了今天的几美元而丧失了更富有的明天。我在二三十岁的时候,并没有赚到太多钱,但是今天我是千万富翁。

控制感情的跌宕起伏以及把短暂的满足感延后,对发展我的理财智慧的过程是至关重要的。实际上,我想说的是,当谈及金钱时,情感智慧是所有智慧中最重要的,它远比学术智慧或专业智慧重要得多。举例来说,许多人由于恐惧而放弃他们的梦想。即使他们开始了梦想的旅程,但遭遇失败时,他们就选择放弃,而且在应该对自己的失败负责任时,他们只会怨天尤人。

轻易放弃的人很少能赢

几年前,有个年轻人为我工作。他非常聪明、机灵,拿到工商管理硕士学位,还赚了很多钱。在闲暇时,他和他的妻子尝试了许多生意。他们试过投资房地产,但失败了;他们购买了一个小规模的特许经营权,也失败了;他们又购买了一所疗养院,但病人意外死亡了,几乎令他们倾家荡产。现在,他们都回去干以前的工作，虽然薪水很高，但他们总被一种不能大展身手的挫败感困扰着。

我之所以提到这对年轻夫妇，是因为他们的失败在于不会学习。他们任由通向成功的学习过程击败自己，在艰难时，他们就选择放弃。他们不断地尝试新的生意，尽管这种精神是值得表扬的，但是当出现似乎无法解决的大问题时，他们就停下来了。他们不能挺过难关并从失败中学习。他们没有意识到使他们致富的是学习的过程，而不是金钱。

我从富爸爸那儿学到的最难的一课就是，要坚持这个过程，直到取得胜利。我在施乐公司曾遇到麻烦——因为销售业绩不佳，我想放弃；因为老卖不出产品，我赚不到钱。事实上，我在火奴鲁鲁生活的成本比我赚的钱多。富爸爸说："获胜时，你可以退出，但是千万不要因为失利就马上放弃。"直到1978年，我成为施乐公司的最佳销售员后，我才退出。无论从精神上还是物质上，这个过程已经让我变得富有。我克服了卖不出产品的困难，也就能解决赚不到钱的问题。

在施乐公司工作的时候，我利用空闲时间开始做尼龙钱包生意。1978年，我全身心投入这笔生意。这笔生意启动了，又失败了。我再一次想放弃，富爸爸再次提醒我过程要远比目标来得重要。当我负债累累、缺乏资金时，富爸爸多次提醒我，如果我能解决这个问题，就不会再为钱所困。我就会知道如何创立一个生意，并在财务问题上变得更聪明。但是，首先我必须解决眼前的问题。

钱太多了

在本书的开头,我提到两种类型的金钱问题:一种是钱不够用,另外一种是钱太多了。1974年,当我离开海军陆战队时,我必须决定我想要的是哪种问题。如果我希望钱不够用,就可以去标准石油公司工作或当一名飞行员。如果我希望钱太多,我会在施乐公司工作,即使眼下它的薪水是最低的。如你所知,最后我选择了钱太多。

我想要接受教育,而不仅仅是金钱。我选择施乐公司是因为我知道我能够成为一名船员,也能成为一名飞行员,但我不知道自己能否成为一名企业家。我知道我可能会失败。我也知道,如果我直面失败的风险,我能学到更多。如果我任由失败或贫穷摆布,我就只能停在原地无法进步。

人们之所以不能提高第一财商,原因之一就是他们坚持做他们知道的事情,而不接受新的挑战和学习新的东西,他们总是谨慎行事。当然,这并不意味着你应该做愚蠢的或充满风险的事情。有很多事情是我们能做但可以选择不去做的。比如,我可以选择去爬珠穆朗玛峰,我也可以选择报名参加国家航空航天局的宇航员项目,我也可以选择进入政界竞选公职。我的意思是我会谨慎地选择我的下一个挑战,而并非不加选择。我会自问:"如果我接受这个挑战并成功的话,我的生活将会是什么样子?"我要请你问你自己同样的问题。

著名电影《奇迹的缔造者》的主人公海伦·凯勒曾经说过:

"生活就是一场勇敢的冒险……或者什么都不是。"我同意这种说法。在我看来，要提高你的第一财商，一种方法就是把生活看做一次学习的冒险。对于大多数人来说，生活是谨慎行事、做正确的事情以及选择有保障的工作。你的生活本就无需太冒险或太危险。因为生活就是学习，而学习就是冒险。

这也是我没有回过头去做船员或开飞机的原因，即使这两个职业我都喜欢。这也是尝试新冒险的时候。智慧不是记住旧的答案，避免犯错，就如同我们的教育系统对智慧所下的定义。真正的智慧是学习如何解决问题，目的是为了解决更大的问题。真正的智慧会带来学习的乐趣，而不是逃避失败的恐惧。

赚更多的钱

把财富状况和现金流象限图放在一起，你可能会对第一财商"赚更多的钱"有更清楚的认识。

如下页图表所示，位于E象限和S象限的人为了钱而工作，未来他们获得稳定的工资收入，获得佣金或拿时薪。位于B象限和I象限的人为了资产而工作，因为资产会产生现金流或实现资本增值。

我比那些做船员或飞行员的同学赚的多，其中一个原因就是，他们为了工资而工作，而我想要成为企业家创造资产，并作为投资者获得资产。换句话说，位于E象限和S象限的人关注收入栏，位于B象限和I象限的人关注资产栏。

对位于E象限和S象限的人来说，最难以理解的一件事是位

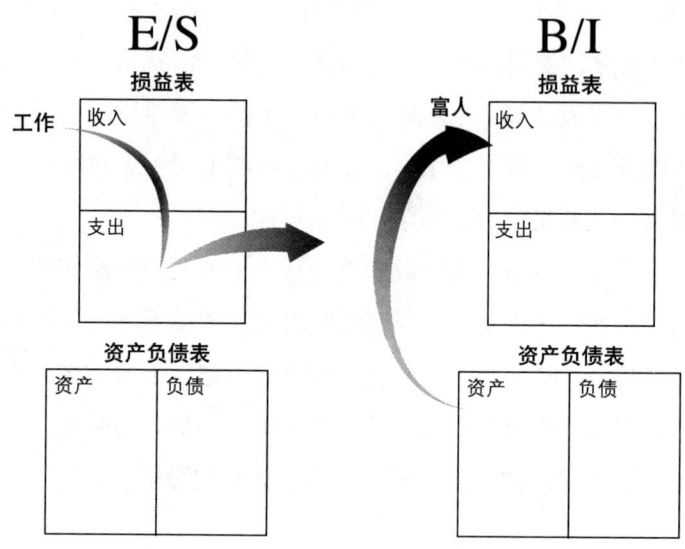

于B象限和I象限的人不是为了钱而工作。他们为了自由而工作,这让很多人都难以理解。位于E象限和S象限的人工作是为了得到报酬,而且在他们工作前必须预付。为了自由而工作,可能这么多年以来都不是他们列入职业规划的。位于E象限和S象限的人很可能志愿为慈善组织工作,或为崇高的公共福利机构工作,但是说到个人收入,他们是为钱而工作。一般来说,他们不是为建立或获得资产而工作。

用会计术语来说,位于E象限或S象限的人为赚取收入而工作,而位于B象限和I象限的人为被动收入或资本利得而工作。在第四章第二财商"守住你的钱"中,你会发现,为什么不同的收入类型会导致巨大的财务差异。赚取的收入是最难以守住的,难免遭受到各种各样的损失。因此为赚取收入而工作的人在财务上并不聪明。

许多自由职业者并没有拥有自己的生意，他们拥有的仅仅是一份工作。如果自由职业者停止工作，他们的收入就会停止或降低。很明显，一份工作并不是一份资产。所谓资产是不管你是否工作，你都会有进账。如果你想知道更多关于 E 象限、S 象限、B 象限和 I 象限的差异，我建议你读"富爸爸"系列第二本书《富爸爸财务自由之路》。

为什么富人会变得更富有

看一看下页的图表，你就很容易理解为什么富人会越来越富。

穷人和中产阶级之所以为收入少而烦恼，正是因为他们为了金钱或一份稳定的收入而工作。为钱工作带来的问题就是，为了赚更多的钱，你必须更努力地工作、工作更长时间或承担更多的工作。更长时间地工作和更努力地工作带来的问题是，我们的时间和精力都很有限。

富人会越来越富的原因是，他们每年都会建立或获得新的资产。增加新的资产并不需要更努力地工作，或工作更长时间。实际上，一个人的财商越高，当获得更多、质量更好的资产时，他工作的时间就越短。你想想看，资产产生了被动收入，从而自动为富人工作。

每年，我和妻子都会为当年想获得多少新的资产而制定目标。

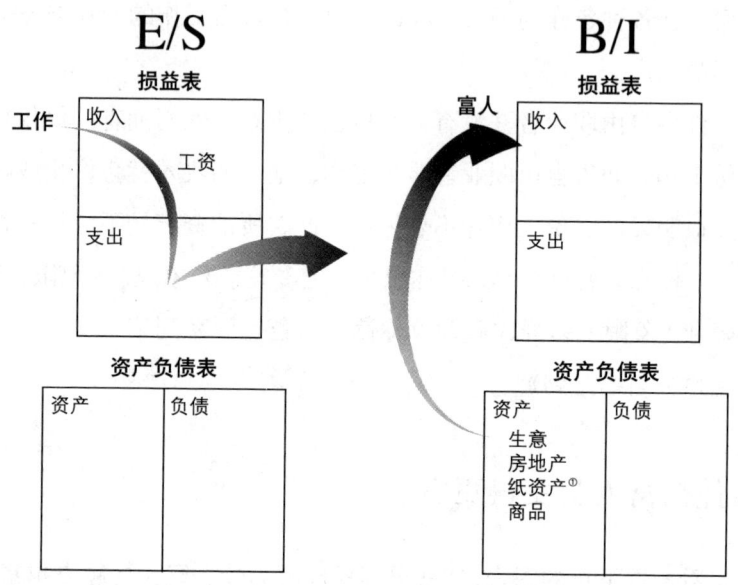

我们制定的目标不是赚更多钱。1989年,金开始投资房地产时,她设立的目标是10年内拥有20幢住宅的产权。那时候,看起来这是一项艰巨的任务。金从投资俄勒冈州波特兰市带有一个卫生间的两居室开始。18个月后——不是2年后——她已经轻松地实现了她拥有20处房产的目标。她达到目标后卖掉了这些房子,获得了超过100万美元的利润,然后她可以在亚利桑那州菲尼克斯市购置更大、更好的房产,而且还是免税的。

2007年,她的个人目标是新增加500个出租房到她的投资组

---

① 本书作者认为,资产可以分为两大类:纸资产和硬资产。纸资产如股票、债券、外汇或现金,硬资产如土地、黄金和石油等。

合中。她已经拥有1000多套出租房，每个月都为她带来被动收入，这种收入应纳的税是最少的。她比大多数男人赚的要多得多，而且她已经完成了一个企业家在I象限中该做的所有事情。

我的目标是利用我的商业资产和产品增加现金流，我大规模投资石油、黄金和白银企业；作为一名教育产业的企业家，我每写一本书，都会从世界各地将近50家出版社获得版税，并持续很多年；我还增加了一个特许经营授权系统。在"摇滚"钱包生意中我已经学到，成为授权者比被授权者要有利得多。虽然我喜欢房地产，但是我更喜欢做B象限的企业家。

我这么说不是为了炫耀。实际上，我不愿意透露我们的财产数目和赚钱的方式。在下一章讲述如何守住你的钱时，你会发现让别人知道你富有多么危险。

我之所以冒这个险透露我们如何做生意，主要是因为我和妻子致力于财商教育和提高我们的财商。现在的财商教育存在着一个大问题是讲授或分享财商教育的人多数来自E象限和S象限，他们是雇员或自由职业者。他们中大多数人并不是真正的富有阶层。有许多记者写了关于金钱的新闻报道，他们自己却没有多少钱；有些人是销售员，如股票和房地产经纪人。在这些专家中，有些人拥有的也是位于E象限和S象限的人所拥有的，他们的退休计划多是股票、债券和共同基金。许多人期望股市繁荣，因为在他们退休的时候，如果股市惨淡，他们的生活将难以保障。如果美元的购买力继续下降或发生通货膨胀，他们的生活将变得拮据。简而言之，许多理财专家在给出理财建议的时候并不知道他们自己的退休计划是否行得通——如果知道的话,他们早就退休了。

我和妻子知道我们的退休计划行得通。我们之所以知道,是因为每个月我们的资产带来的被动收入会大量流入我们的口袋。我们不需要为未来的生活储蓄,投资债券或共同基金。如果我们一无所有了——这总有可能——我们仍将拥有真正的资产即我们的财商。我们还会东山再起,因为我们更关注学习,而不是赚钱。我们学习管理我们的钱财,而不是把钱交给位于E象限或S象限的人。正如富爸爸所说的:"只看投资或自主经营,并不表示你就是投资者或老板。"

小结

从下面的图表中,你会发现赚更多钱的秘密:

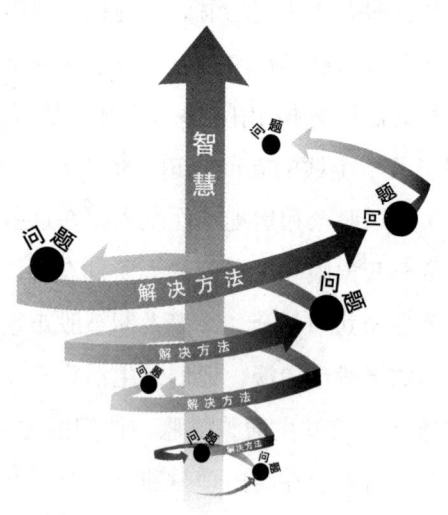

要想变得富有，你就必须认清这样一个事实：问题从来不会自动消失。当你发现了解决一个问题的方法，另一个新的问题就会突然出现。关键在于你一定要认识到，正是解决这些问题的过程才使你变得富有。你一旦解决了自己的问题，也会解决别人的问题，你也会前途无量。

人们愿意付钱给能解决他们的问题的人。比如，我愿意付钱给我的医生，来保持我身体健康；我付钱给我的管家，来维持房屋洁净；我在超市购物，因为如果我不吃东西，会感到饥饿甚至饿死；我付钱给餐馆老板，因为他的餐馆提供好吃的食物和优美的就餐环境；我纳税给公务员付工资，以便拥有一个运行良好的政府；我往教堂的捐款箱放钱，以便我在精神上得到指引和皈依。

我妻子赚了很多钱，因为她解决了一个大问题，也就是用负担得起的价格购置优质房屋。她努力解决的问题越多，她赚到的钱就越多。而我努力工作去解决人们对财商教育迫切的需求。

简单地说，有亿万种方法可以赚更多的钱，因为有亿万个——假如能数得清的话——问题需要解决。关键是，你想要解决哪一种问题？你解决的问题越多，你就会变得越富有。

许多人想不劳而获，不愿意解决任何问题。或者，他们想得到的要多于他们解决问题所应得的报酬。我没有选择去联合船运公司工作的一个原因就是我是一个企业家，不是普通雇员。实际上，今天美国海运公司较少，原因之一就在于运营一个这样的公司需要投入的成本太大。这也是大多数美国港口的客货运船只不是由美国人掌舵的原因，同时也是今天我的母校美国商船学院的很多毕业生找不到工作的原因。这个问题就是由期望获得报酬多而做的事情少造成的。

我的穷爸爸是工会的成员。实际上，他是夏威夷州教师工会的领头人。我了解他的想法，他认为教师组成一个集体，会有更大的权力。假如没有工会，教师们的收入就会更少，福利更差。没有教师工会，教育会比今天更艰难。

我的富爸爸是一个企业家。企业家相信更好的产品应有更高的价格。如果你要广大消费者支付较高的价格却不能提供更好的产品，那么市场将会惩罚你。换句话说，企业家通过解决问题而不是创造问题来得到报酬——除非你的产品是编造谜题。

许多人把企业家看成猪，认为许多企业家都是贪婪的猪。然而，企业家也做了很多好事，例如提供医疗保险、食物、交通、能源和全世界的通信。作为一个企业家，我尽我所能使世界变得更好，我的问题只针对那些什么都不做或做得很少却希望得到更多的人。在我看来，一个不劳而获或做得少但要的多的人也是一头贪婪的猪。

在世界发生变化时，那些做得少却想要得多的人的生活会更艰难。比如，因为很多人不怎么努力工作却要求更高的工资和福利待遇，美国的很多工作机会都流向了海外。今天在美国，加入工会的一个汽车工人的薪酬是每小时约 75 美元，包括福利。在中国，同样工种的汽车工人一小时的薪酬是 75 美分。在我写本书时，克莱斯勒汽车公司已经与中国的奇瑞汽车签署了在中国生产汽车的合同。每辆车的人力成本不超过 2500 美元，基本上只是每辆美国汽车所要缴纳的保险的价格。

一个真正的企业家就是要发现一个问题，然后创造一个产品或一种服务来解决这个问题。你可以定一个更高的价格，如果你的产品或服务具有更高的价值，而且被消费者认可了，或者你的产品有附加值。比如说，我可以为我的书和游戏定更高的价格，因为对于多数人来说，它们具有认知教育的价值。而对于其他许多人来说，它们却不值钱。这些人不重视我的财商教育品牌，因为我的产品不能解决他们的财务问题。许多人并不相信金钱规则已经在1971年和1974年发生了变化，仍然坚信他们能够继续通过储蓄、投资共同基金并期望不用做太多工作，就可以得到更多的回报。为了他们自己也为了他们家庭的财富未来，我真诚希望这些信念和做法能解决他们的财务问题。

但为你着想，我却希望你不要相信上面那套逻辑。我有预感你不会相信的，因为你真的在读本书，并且积极地想提高你的理财智慧。现在就开始想想你需要解决什么问题，然后正视和处理这些问题，钱就会自动流入你的口袋。一旦你有钱了，你还需要用你的每一分理财智慧去守住你的钱财。那就是下一章将要讲述的内容，即第二财商：守住你的钱。

第四章
第二财商：守住你的钱

INCREASE YOUR FINANCIAL IQ

守住你的钱，使其免受损失是很重要的。正如我们所知的，世界上充斥着各种类型的人和组织，他们静候良机，毫不客气地分享你的财富。这些人和组织多数是非常聪明和强大的，如果他们比你聪明或者比你强大，他们就会拿走你的钱财——所以第二财商非常重要。

如何衡量第二财商

第一财商一般通过总收入来衡量，第二财商则通过百分比来衡量。我这样来界定两类财商，下面举不同百分比的3个例子来说明：

1. 在美国，一个人一年靠工资赚了10万美元，可能要缴纳50%的组合税收，如联邦税、州税、联邦社会保险捐款[①]等。那么这个人的税后净收入是5万美元。

[①] 为美国收入税的一种，用于维持社会保险和医疗。

2. 另一个人一年从投资中赚了 10 万美元，缴纳 15% 的税。那么，这个人的税后净收入是 8.5 万美元。

3. 第三个人也赚了 10 万美元，缴纳 0% 的税。那么，这个人的税后净收入是 10 万美元。

在上面的这 3 个例子中，谁纳税所占的百分比最小，谁就有最高的第二财商，因为他的钱损失得最少。

在下面几章中，我会深入讨论如何赚更多的钱而缴纳很少的税，而且以合法的方式实现。但是现在，你只需记住这个简单的道理：第二财商是衡量一个人最终收入的百分比，并相对于损失掉的收入的百分比。

小兔子、鸟和虫子

在很早的时候，富爸爸就开始教他儿子和我关于守住钱财免受损失的课程——在我们有钱之前。当时我们还年幼，富爸爸用一个非常简单的有关农夫的例子来说明他的观点。他说："农夫要守住他的庄稼免受小兔子、鸟和虫子的侵害。对农夫来说，小兔子、鸟和虫子就是小偷。"

当时我还是一个小男孩，将小兔子比做小偷非常残酷。小兔子很可爱，讨人喜欢，不会伤害人。鸟也是如此，实际上，我在家里养了一只小鹦鹉，把鸟说成小偷也是残酷的。至于虫子，我可以理解，我知道它们为什么被称为小偷，因为我家有个花园，虫子吃掉了我种的很多蔬菜。

站在我们身后

富爸爸并不是想吓唬我们。他只是想让他的儿子和我对现实世界保持小心谨慎的心态。他用可爱的动物——如小兔子和鸟打比方，是想让我们明白，对于我们个人来说，并非只有强盗、罪犯或逃犯才威胁到我们的财富。他还想让我们记住，有些坐等分享我们的财富的，是我们喜爱的、信任或尊重的人或组织——我们认为他们站在我们一边或站在我们身后。富爸爸说："那么多人站在我们身后，就是因为从后面更容易等到你的口袋出现漏洞。之所以这么多人有财务问题，一个原因就是他们的口袋漏洞太多了。"

除了富爸爸称为让农夫受损失的小兔子（bunnies）、鸟（birds）和虫子（bugs）之外，在现实世界中，我们口袋的漏洞可能把我们的钱流向：政府官员（bureaucrats）、银行家（bankers）、经纪人（brokers）、商店（businesses）、新娘/情郎（brides/beaus）、姐夫/内弟（brothers-in-law）和法律顾问（barristers），这些统称为B系列。

第一个B：政府官员

众所周知，税收是我们最大的支出。美国税务部门的工作就是从你口袋里拿走钱财，并交给主管收入分配的政府官员。

不幸的是，大多数美国的政治家和政府官员非常擅长花钱，却不知道如何赚钱,那可能就是他们选择这份职业的原因。如果他们有能力赚钱,他们可能会去做生意,而不是成为政府官员。他们不知道如何赚钱,但喜欢花钱,所以他们花大量的时间去想出更多的、更有创意的税收方法来拿走我们的钱财。

举个例子来说,美国政府官员创设了一个聪明的税收项目,称为 AMT(alternative minimum tax),即替代性最低税[①]。AMT 开始实行于 1970 年。这是针对年收入等于或高于 6 万美元的高收入人群所征收的附加税,是对同一个人的同一份收入征两次税的做法。但问题是,在 1970 年 6 万美元是一笔不小的收入,而今天,年收入 6 万美元却不能算高收入。许多富人并不缴纳 AMT,只有高收入的工薪阶层要缴纳这种税。

如你所知,我们已经为各种各样的原因纳税,比如为我们的收入、投资、住宅、汽车、汽油、旅行、服装、食物、酒、香烟、生意、教育、执照、许可证、死亡等纳税。我们还为税收本身纳税,为我们一无所知的税收项目纳税。收这些税的目的是为了国民的公共利益,有些税收确实是为了社会有更好的发展。但是,社会问题变得越来越严重,因为政府官员不知道该如何解决问题(也不知道如何赚钱),他们只知道砸钱来解决问题。有时花更多的钱也不能解决问题,他们就只好创造新的税收项目来获取更多的钱。问题愈演愈烈,我们缴纳税收的百分比只会越来越高。像

---

① 此项税制成立的初衷是为了避免高收入所得者过度使用税收优惠政策来达到全免或大额度减免税金的目的,而对他们采取的一种惩罚性措施。

复合利息可以使我们变得更富有一样，复合税收却使我们变得更贫穷——这就是为什么第二财商重要的一个原因。如果你所赚的钱都从你的口袋漏光了，你是不会变得富有的。

税收是重要的

在进行下面的论述之前，我需要说明的是，我并不反对政府，也不反对纳税。富爸爸说，"税收是为了在文明社会中生活应付的必要支出。"他告诉他的儿子和我，学校和老师、消防员和维护治安的警察、法庭系统、军队、道路、机场、食品安全和政府部门要正常运转，所需的费用都由税收来支付。富爸爸之所以对美国的税收感到灰心丧气，是因为政府官员很少能解决他们所面临的问题，这就意味着税收会持续上涨。政府官员不去解决问题，而是常常提议组成某个委员会来研究问题，这就意味着他们什么都不做。富爸爸意识到我们的纳税只会更多，他形成这样一个信条："政府官员的工作就是把手深深地插入——合法地插入——你的口袋中，而你要做的就是找到税收优惠方案，尽可能多地留住你的钱——当然也是合法地。"

不幸的是，通常是赚的最少的人纳税的百分比最高。最近，"股神"巴菲特这样评论美国的税收系统："我们这400个有钱人比我们的接待人员或清洁女工纳税的百分比要低，就此而言，如果你属于幸运的1%，就应该归功于其余99%的人，为这99%的人着想。"

哪个政党更好一些

如你所知,我既不是共和党人,也不是民主党人;既不是保守党人,也不是自由党人。有人问起此类问题时,我会简单地回答我身兼数职。举例来说,我想赚更多的钱,尽可能利用税收优惠政策;我也向慈善组织和其他我认为有价值的事业捐赠(这部分是免税的),我还希望我纳的税能够用以建设一个良好的社会,照顾那些老弱病残。

谈到钱时,许多人认为共和党要比民主党好一些。事实并非如此。共和党说,"民主党征税然后花钱"。而共和党自己借钱然后花钱。最后的结果是,不管哪个政党都在增加长期的国债,这些债务将以更高税收的形式转嫁到下一代国民身上。这就是财商低的表现。

创设社会保险和医疗保险是民主党人前总统罗斯福和约翰逊的功劳,但这两项福利制度也是有史以来最昂贵、最具有潜在灾难性的制度。

在共和党人艾森豪威尔在任总统时,美国是世界上最大的债权国,是一个富裕的国家。然而,当共和党人尼克松当选总统后,金钱的规则发生了变化,美国的财富也开始发生变化。运用总统的权力,尼克松在1971年取消了金本位制。这一措施使美元由金钱转变为流通货币。

尼克松允许美国政府大量印制钞票,来解决金钱问题。这与某个人囊空如洗却频开支票没什么两样。如果我们都像政府这样做的话,就会被关进监狱。富人和穷人之间的差距逐渐拉大,原因之一是多数人仍然遵循旧的金钱规则——旧的资本主义。1971年后,新的金钱规则已经取代了旧的金钱规则。富人变得更富,而穷人和中产阶级只能更努力地工作,在社会的夹缝中勉强存活。

1980年,共和党人里根总统给我们带来了供给学派经济学,又叫做"巫毒经济学"。"伟大的沟通者"里根宣传推广这种新经济理论,幻想可以减少税收,可以继续通过借钱的方式支付政府开销。然而,里根总统原是一名演员,而非经济学家。他的这种做法与为减少现金支出而用信用卡支付毫无二致。

托马斯·盖尔·穆尔后来成为里根总统经济委员会顾问团的成员,他指出,美国在20世纪80年代中期正在跨越一道门槛,由债权国向债务国转变,他认为不必担心:"我们开动印钞机,就可以偿还每个人的债务。"这真让我激动得近乎疯狂,但是我们如果这么做通常被叫做"伪造货币"。

1971年,金钱规则发生的变化和里根总统的供给学派经济学起了双重作用,使得美国的国债激增。在里根总统任期的尾声,联邦政府的债务已高达2.6万亿美元。

在里根就任总统时期,副总统老乔治·布什意识到国家债务膨胀是由于里根总统实行减税政策引起的,于是他在竞选时承诺:"我保证,决不加税。"但是,他当选后并没有兑现自己的诺言,反而提高了税收,所以未能获得总统连任。

然后是民主党人克林顿走马上任。在他的拉链有些小麻烦后[1],

---

[1] 指克林顿与白宫实习生莫妮卡·莱温斯基的性丑闻。

他卸任离开白宫,他声称他在任时预算已取得平衡,国家债务没有增加。当然,正如他对他的性生活撒谎一样,他所谓的预算平衡也是在撒谎。他把用来支付社会保险和医疗保险的税收列为收入"平衡了"预算。他没有将钱投入社会保险信托基金,而是花掉了。这种做法可能就像是他从他女儿的大学基金中拿出钱来,为莫妮卡买了一件新裙子。

然而,克林顿在任时说出了一个事实。他承认,没有什么所谓的社会保险信托基金。在他的任期内,医疗保险开始出现赤字,这说明入不敷出。不久,社会保险也会出现同样的困境,因为7800万在婴儿潮出生的人在2008年开始退休。

接下来小乔治·布什出任美国总统。在"9·11"事件后,他以未经证实的理由,仰仗他的声望发动了对伊拉克的战争。今天,他是美国历史上最不受欢迎的总统。不仅仅因为他发动的战争是灾难,而且,为了避免经济灾难的发生,在他的眼皮底下,联邦储备银行降低利率,向世界各地发放了大量"假钞"。他上任仅5年后,美国国债的数额已经超过了历史上所有美国总统时国债数目的总额。现在爆发的次贷危机就是他的经济政策所带来的恶果。

这一切说明,税收多少与哪个政党执政并没有关系。如果民主党执政,他们可能会征税,然后花钱。如果共和党执政,他们可能会借债,然后花钱。不管哪个政党执政,最后的结果都一样:更多的债券、更严重的财政问题和更高的税收。所有这一切都是因为政府体制就是要尽可能多地拿走你的钱。

你是否愿意分享财富

很多年前,我听过一个笑话,可以说明人们对分享财富的真实想法。有一天,一个社会党人敲开一个农夫的家门,请他加入当地的社会党。农夫不知道什么是社会党人,于是请求举例说明加入社会党有什么好处。社会党人说:"如果你有一头牛,村里的每个人都可以从你的牛身上挤牛奶喝,这叫分享财富。"

"听起来不错。"农夫说。

"再者,如果你有一只羊,"社会党人说,"那么每个人都可以分享羊毛。"

"很好,"农夫说,"听起来很不错。"

"还有,如果你有一只鸡,每个人都可以分享鸡蛋。"

"什么?"农夫生气地大叫道,"那不行!马上离开这儿,立刻滚蛋。"

"这……是……为什么……"社会党人结结巴巴地说,"我不明白。你很喜欢分享牛奶和羊毛的想法,为什么反对分享鸡蛋呢?"

"因为我没有牛,也没有羊,"农夫吼叫道,"但是我有一只鸡。"

这就是第二财商很重要的原因——每个人都同意分享财富,只要这是你的财富,不是他们的财富。

谨慎选择你的收入

从前文中,你已经知道有 3 种不同类型的收入:劳动所得、投资所得和被动收入。了解不同类型的收入之间的差别很重要，特别当你要守住钱财的时候。你为获得劳动所得而工作，就没有多大空间来守住你的钱财。

在美国，甚至低工资的劳动者也需要缴纳高比例的税。他们要缴纳将近15%的收入给社会保险，还要缴纳联邦税、州税和当地的税。现在，我听说有人认为社会保险并非要求个人交出15%的收入，这个数字大约为7.4%，意思是说你的雇主为你支付另外的约7.4%。这可能是事实，但是我把这全部的15%都看成是我的钱。如果我的雇主不把这笔钱缴纳给政府的话，他应该把这笔钱给我。

另一事实是，我们希望雇主能缴纳401（k）退休金计划的经费。这笔钱尽管是雇主交给投资银行保管的，但实际上仍然是你的。

就我个人而言，我不想让政府来决定我未来的财务安全。美国政府在这方面做得很糟糕，我宁愿自己管理自己的钱财。政府没有太多的理财智慧，只会花掉收上来的钱。那些大权在握的人知道多数人未能接受财商教育，那么，能用你的钱财使他们和他们的朋友发家致富，他们何乐而不为呢？

第二个B：银行家

创立银行原是为了保护你的钱财免受强盗的侵犯。但是，如果你发现银行家在某种意义上也是强盗，该怎么办呢？银行家不需要等着你的口袋漏出钱来，你用自己的手从口袋中取出钱，亲自交给了银行家。但是，如果你发现恰恰是这些人——受你委托来管理你的金钱的人——正在分享你的钱,而且数量要比你知道的还要多——还是以合法的形式,你又该怎么办呢?

纽约州州长埃利奥特·斯皮策①担任纽约市司法部长时,调查了很多投资银行和共同基金公司,发现它们有多宗非法交易。正是那些受委托管理公众钱财的人,从公众身上拿走了比他们应得的多得多的钱。而这些违法的公司被罚款的金额远比他们拿走的钱要少。尽管罚款的数额太少令人不安,但更令人不安的是,现在这些银行家仍在吸收大量储蓄。

更大的问题在于,斯皮策仅调查了纽约市的投资银行和基金公司。银行家从天真的消费者手里拿钱是全世界范围内普遍存在的现象。因为越来越多的公司不再关心职工的生活,更多的职工被迫为退休后的生活而储蓄。工薪阶层没有钱像富人那样聘请理财顾问,这导致他们在财务上很无知,他们的钱被汇聚在一起,像热气球一样迅速膨胀,从而使银行家和那些为他们提供理财服务的人变得越来越富有。今天,工薪阶层的退休基金推动着全球经济的繁荣。退休基金已汇聚成了金钱的海洋,并扩张到空前的规模,但拥有这些金钱的是银行家,而不是你自己。

调查开始

2007年,美国国会开始对现行的401(k)退休金计划和共同基金进行调查。银行家受我们委托来打理我们的金钱。下面这段话摘自2007年3月14日《华尔街日报》的一篇评论文章——埃

---

①埃利奥特·斯皮策于2007年3月因性丑闻辞去纽约州州长职务。

莉诺·莱斯写的《你的401（k）退休金计划用于什么》：

> 401（k）退休金计划并不要求明确规定参与者的人数是多少，而且可以有很多收费项目，包括进行独立审计的费用、跟踪和维护用户信息的费用、顾问服务费用，还包括求助热线的费用，当然也包括管理基金的基本费用……
>
> 401（k）退休金计划支出的压力逐渐加大，促使联邦立法者进行调查……上周调查显示，有关费用披露制度的缺陷使员工很难知道他们是否受到了公平的对待。

问题是甚至你的雇主都弄不明白这些费用的来龙去脉。实际上，你的雇主甚至不知道其中某些费用，因为它们是隐性支出。所以，你又怎能期望知道或理解这些费用呢？这篇文章接着写到：

> 今天，有一些雇主聘请专业顾问来帮助他们弄清这些费用……
>
> 人们普遍关心401（k）退休金计划所谓的"分享收益合同"的高费用、复杂性和潜在的利益冲突。费用中通常包括共同基金支付给401（k）退休金计划管理者的费用，如提供账户管理等服务进行补偿的费用。这些费用通常被计入由参与者提供的基金费用，因此提高了参与者的成本。

读了上面的摘录后，很明显，对于管理退休基金的银行家来说,他们通过你的钱财而变得富有是多么容易啊!正如我前面所提到的,银行是为了守住你的钱财而创立的,现在它们却正在拿走你的钱。可悲的是,正是我们自己使得他们这么容易得手。我们甚至没有必要再亲自走进银行(实际上,他们可能因此而向你收费),事实是,甚至在我们拿到工资之前,钱就被拿走了。银行家无需从我们的口袋中拿钱,因为那些钱甚至从来没有被放进我们的口袋。

修剪硬币

在罗马帝国时期,许多帝王用硬币玩游戏:他们修剪硬币,从边缘削下少量的黄金和白银。这就是今天硬币的边缘有凹槽的原因,凹槽是为了防止硬币被修剪。后来帝王们和他们的财政部不再修剪硬币了,他们开始用更低廉的普通合金与黄金或白银混在一起,铸成金币或银币。

美国政府在20世纪60年代也以同样的方式对待发行的硬币。一夜之间,银币消失了,取而代之的是假银币。然后在1971年,美元变成"假钞",因为已经完全取消了金本位制。

从许多方面来看,银行家的实力最强大。每天,他们都通过印制越来越多的"假钞"来让储户的财产缩水。比如,按法律规定,银行可以吸收你的储蓄,只支付给你小额的利息。然后你每储蓄1美元,银行就可以借出20美元或更多,并获得更高的利息。举例来说,你在银行存了1美元、存期超过1年,银行支付给你5%的利息。银行立刻就有权贷出20美元,以你的储蓄为担保来要求得到20%的利息。银行付给你5%的利息，而贷出20美元收取20%的利息。这就是银行的致富之道。如果你和我也像银行这样做，就会被送入监狱，这被称为高利贷。

银行的做法也导致了通货膨胀，因为银行是在用金钱玩游戏，让贫富差距拉得更大。储户是输家，而银行家是赢家。

在新的金钱规则下，我们要知道如何通过借贷来获得资产，因为我们不再需要储蓄货币。换句话说，在新的资本主义条件下，赢家是聪明的借款人，而不是那些储户。

第三个B：经纪人

"经纪人"是对"销售员"的另外一种称呼。在金钱世界中，有股票经纪人、债券经纪人、房地产经纪人、抵押经纪人、保险经纪人、商业经纪人等。如今的一个问题是，大多数人从经纪人那里而不是从富人那里得到理财建议。如果你遇到一个富有的经纪人，你要问问他是不是通过他的销售能力或理财能力而致富的。

沃伦·巴菲特曾经通过观察得出结论说："在华尔街，开劳斯莱斯的人向坐地铁的人寻求建议。"

富爸爸说："他们之所以被称为'经纪人'，原因是他们没你有钱。"

好的经纪人与差的经纪人

你不能变得很富有的另一个原因在于，好的经纪人——他们知道自己正在做什么——通常没有时间为你服务。他们正忙着为那些高净资产的客户工作。

当我和金贫穷的时候，我们面临的最大挑战之一是，找到一个愿意对我们进行财商教育的经纪人。因为我们的钱不多，而大多数经纪人又没有太多的时间。我们遇到过许多只想卖产品给我们而不愿意教我们财务知识的经纪人。但是，我们一直没有放弃寻找。我们要寻找一位年轻的股票经纪人，他刚刚建立了客户群，为人聪明，是本行业的业务高手，还必须是一个投资者。在一个偶然的机会，通过一个朋友的朋友的介绍，我们认识了汤姆。开始时，我们给他2.5万美元。15年后，我们的股票投资组合赢利高达数百万美元，而且还在增长。

1986年，我和金结婚后，开始投资房地产。我们决定一开始只投入很少的资金。我们碰到过很多没水平的房地产经纪人，他们出售房地产，而不是投资房地产。如果他们有所投资的话，那是共同基金。终于，我们遇到了约翰。从5 000美元开始，他帮助我们将房地产投资组合收益增长到近25万美元。尽管这些收益听起来似乎不是很多，但在3年内就获得了，而且是在俄勒冈州波特兰市非常不景气的房地产市场中实现的。今天，我们的房地产价值数千万美元，并且还在继续增值。

学到的教训

我们都知道，经纪人有好和差的分别。简言之，好的经纪人使你变得更富有，而差的经纪人总是在编造借口却什么也不能帮你。下面是一个帮助我们找到和拥有好经纪人的方法简述：

1. 我和金都参加了股票和房地产投资的课程。拥有更多的知识使我们能将销售员和受过良好教育的经纪人区别开来。

2. 我们所要的经纪人同时也是他们本专业的钻研者。除了在相关领域中接受最基础的专业教育外，汤姆和约翰也投入了很多的时间去研究和学习。汤姆经常请我看他在做的商业计划。约翰既是房地产经纪人，也是房地产投资者。今天，他已成为房地产投资领域受人尊重的前辈。

3. 我们想知道他们是否对他们自己出售的产品也进行投资。换句话说，如果经纪人没有信心投资他所出售的产品，那我们为什么要投资呢？

4. 我们想建立一种稳定持久的关系，而不是只做一次交易。许多经纪人只想出售他们的产品或服务。而汤姆和约翰都会抽出时间和我们共进午餐，即使在我们没有什么钱的时候，他们也是我们的朋友。

成功的关键

成功的关键是教育。我、金、约翰和汤姆都是投资学的好学生。我们对同一主题感兴趣，我们都想学习有关投资的更多知识，我们投资于我们各自擅长的领域。汤姆对房地产不太了解，所以我们不和他讨论房地产；约翰对股票市场不感兴趣，所以我们不和他谈论股票。

我们的财富增长的另一个原因是我们的知识也在增长。我经常给约翰打电话，问这样的问题："你能给我解释一下收益资本化率和内部收益率的区别吗？"他总会花时间解释给我听，而不只是出售服务。我经常给汤姆打电话问他这样的问题："你能解释一下长期债券和短期债券的区别吗？"而汤姆非常乐意当一名老师。

富爸爸公司之所以专门开几天股票和房地产的研讨会，就是因为财商教育很重要。给我们上课的老师是那些以身作则、言行合一的投资者。富爸爸公司重视财商教育，因为对于我和金来说，财商教育是我们和我们的经纪人汤姆和约翰之间的纽带，使我们双方的关系更牢固。正是对财商教育长期不懈的投入使我们4人共同致富。

今天，我经常接到股票经纪人和房地产经纪人的电话，他们都声称有很棒的交易要给我，这将使我变得富有。在大多数情况下，他们都只是对佣金感兴趣，所以他们只会把食物放在他们自己的桌子上……而不是我的桌子上——好的经纪人会把食物放在双方的桌子上。

我再强调一下，第二财商是通过百分比来衡量的，通常是经纪人赚到了这个百分比。举例来说，如果我买了100万美元的资产，经纪人可能赚到6%即6万美元。如果那些资产给我带来每年10%即10万美元的现金回报，那么我可以轻松地支付经纪人的佣金，因为我只需支付一次。

相反，如果我参与买和卖（倒卖不动产或日交易股票），我就要支付买进卖出的手续费,即通常被称为"往返交易"或"划点差"。在房地产交易中,往返交易可能会吃掉12%的投资收益,还要缴纳高额税金——这在财务上是很不明智的。

操盘手与投资者

进行买进卖出的那些人是操盘手,不是投资者。操盘手不仅要向经纪人支付较高的佣金,而且还要为买进和卖出缴纳更高的税收,即为短期资本利得缴税。这说明税务部门并不认为买进和卖出的人是投资者,而认为他们只是专业的操盘手,并很可能会对他们的收入加征自雇税[①]。聪明的投资者知道如何通过明智的投资和雇用好的经纪人来减少交易的费用和税收。

挤油交易

很多年前,我的一位朋友的母亲的账户被一位友善的经纪人进行了"挤油交易"。所谓挤油交易,就是经纪人为客户进行过度频繁的交易,最后的结果是,经纪人以佣金的形式拿走了客户的钱,而客户的投资等于毫无收益。

所以,在你将钱交出去之前,一定要谨慎选择你的经纪人。最起码你应该问问你的经纪人,你是否可以给他的一些客户打电话,和他们交流一下。一定要记住,像汤姆和约翰这样的好经纪人才能使你变得富有,而差的经纪人只会使你变得贫穷。

---

①根据美国税制,自己当雇主的人即自雇人要缴一项自雇税,税率是15.3%。自雇税是为自雇人将来退休后的退休金和医疗福利而付的。

第四个B：商店

所有的商店都要出售东西。如果商店卖不出东西，就破产了。我经常自问："这家店的商品或服务会使我变得更富有，还是使我变得更贫穷呢？"在大多数情况下，这些产品或服务不能使你变得更富有，只会使商店变得更富有。

许多商店都在想方设法使你变得更贫穷。比如说，许多大百货公司发行自己的信用卡——这是人们所拥有的信用卡中最糟糕的一种。它们想要你持有它们的信用卡，原因是它们可以从银行得到一定的回扣。发行信用卡的公司是银行的经纪人——注意经纪人和银行的模式再次出现。

使用信用卡购买劣质产品

这么多人身陷财务泥潭的一个原因是，他们不仅购买了使他们变得更贫穷的产品，而且还用高利息的信用卡来支付，这样使他们变得更贫穷。举例来说，如果我用信用卡买了一双鞋子，花了好几年来支付账单，等于持续为一个使自己更贫穷而不是更富有的产品埋单，所以多年以后我依旧很贫穷。穷人购买了使他们贫穷的产品，花很多年的时间来偿还这些欠账，同时还带来了高利息的费用。

如果你想成为富人，那么就要尽力成为能让自己变得更富有的商店的消费者。举例来说，我是许多投资时事通讯和财经杂志的忠实读者。我也是那些教育产品和研讨会的参与者。换句话说，对我的竞争者来说，我是个不错的消费者。我喜欢把钱花在这些可以使我更富有的产品和服务上。

第五个B：新娘和情郎

我们都知道有些人会为钱而结婚。不管是男人还是女人，都有为了钱而非为了爱情结婚的。不管你喜不喜欢，钱在任何婚姻中都很重要。电影《了不起的盖茨比》中有这样一句台词："富家女不会嫁给穷小子。"在电影里这句台词也许很贴切，但是在现实生活中，总有穷姑娘或穷小子为了钱而与富人结婚的事情。

爱的掠夺者

富爸爸把那些为了钱而结婚的人叫做"爱的掠夺者"。你越有钱，他们就越爱你。在那桩广为人知、悬而未决的离婚案件中，保罗·麦卡特尼①可能不得不放弃他那10亿房地产的50%。那是很大一笔钱。可以看出作为一名音乐天才，麦卡特尼已经赚了很多钱，但是缺乏第二财商使他损失了很多钱，如果他婚前做点计划的话，也许可以免遭这个损失。我的朋友唐纳德·特朗普说："在你结婚前，一定要签一份婚前协议。"签婚前协议就是第二财商较高的表现，而为几年的婚姻赔上一生积蓄的一大半则是第二财商较

---

①保罗·麦卡特尼为甲壳虫乐队成员之一，英国著名歌手，他结婚4年即离婚，但未签婚前协议。

低的表现。

富爸爸过去常说："你如果把爱和金钱结合在一起，那么将是财务上愚蠢而非财务上理智占了上风。"我和金结婚时，我们俩都没有什么钱，所以我知道我们不是为了钱而结婚的。虽然我们没有什么钱，但还是制定了在婚姻不能按照我们希望的那样发展时所要采取的退出策略。所以金拥有她自己的法人公司，我也有我自己的公司；她有她自己的投资，我也有我自己的投资。如果我们要分手，就不需要分割财产，因为原本就是分开的。我很高兴地说，自从1986年结婚以来，我们一直都很开心，我们的婚姻生活越来越好，而且一年比一年富有。

在签署协议前考虑退出策略

结婚以后会一直生活得很开心是一种愚蠢的想法。这种想法只能存在于童话中。世事难料，所以退出策略对于任何有价值的东西都是重要的。

我知道你在与梦寐以求的爱人结婚之前要求签署婚前协议，可能会让人觉得不舒服。但这是财务上最理智的做法，特别是处在当今离婚率高达50%的时代。你与一个新的伙伴合作一笔新的生意时，我知道在你们的合作刚刚开始时要考虑到买卖协议或合伙解除合同，可能是比较困难的，但是，你在签署协议前考虑到退出策略在财务上才是明智的。

许多人不喜欢考虑退出策略，但是你在最后退出前有所考虑，是高财商的表现。

第六个B：姐夫和内弟

死亡是最后的退出。死亡也是让你无法守住财富的掠夺者之一——或许应该说是贪婪的人——出现的另一种时刻。如果你富有但缺乏财商，你爱的人可能就要付出昂贵的代价。如果你富有，家人、朋友和政府要员会出席你的葬礼。你八竿子打不着的亲戚们的孙子，这些你从未见过的孩子，会突然出现在你的葬礼上成为你的家人，为你哭丧。如果你的财商较高，那么这些为你离去而感到悲痛的亲戚能继承你的钱，百分比将由你控制，甚至在你过世后仍然可以控制。那些财商高的人通过遗嘱、委托或其他的法律手段来守住他们的财产和最后的愿望，不受死亡的最后掠夺。你只需看看利昂娜·赫尔姆斯利[①]。她能将1200万美元的遗产留给她的狗，而不给子孙们留下一分钱。尽管不建议你这样做，但可以肯定的是，财商高将使你能够决定你的钱的去向，甚至是你已躺在坟墓中。

在去世之前，与你的财务规划师计划你的退出策略。如果你富有或想要成为富人，考虑你的最终退出策略在财务上是很明智的做法。在你死前要做这件事——不过不要考虑狗了。

[①]利昂娜·赫尔姆斯利为纽约酒店大亨，被称为"吝啬的女王"。

第七个B：法律顾问

你可能还记得控告麦当劳出售的咖啡太烫的那个人吧——这就是因为法律问题你的金钱遭受损失的例子①。有许多人正是因为诉讼才变得富有。所以让你的财富缩水的第七个"B"就是法律顾问。律师会非常乐意将你带到法庭上，拿走你的钱。

要知道，你的钱可能遭到潜在的损失，在财务上明智的人必须做以下3件事：

1. 你的名下不要留下任何有价值的东西。我的穷爸爸骄傲地说："我的房子在我的名下。"财务上明智的人不会将房屋登记在自己的名下。

2. 立即购买个人责任保险。记住，你不能等到正好需要时才购买保险。你要抢在你的需要之前，预先购买保险。

3. 以合法的实体持有资产。在美国，好的合法的实体如股份有限公司（C-corporation 或 S-corporation）、有限责任公司（LLC）和有限责任合伙（LLP）。还有一些较差的合法实体，如独资和普通合伙（GP）。具有讽刺意味的是，大多数小企业主拥有的都是较差的实体。

---

① 这是著名的"麦当劳咖啡案"。1992年，美国老太太莉伯克在购买麦当劳的热咖啡时被烫伤，后来向麦当劳索赔，最终在1994年结案，法庭裁定，麦当劳赔偿受害人共64万美元。

规则已经发生了改变

今天，我仍然听到有人时常说，"要努力工作，储蓄，偿还债务，长期投资多元化组合的共同基金"。这些过时的建议，是为财务上的无知者提供的。这是按照旧的规则玩金钱游戏。

在今日美国，努力工作争取赚更多钱的人，纳税也越来越多。他们存钱，而后损失了，因为美元不再是金钱，只是一种持续贬值的流通货币。他们不学着利用债务杠杆使自己变得更富有，而是努力工作以摆脱债务。数百万美国人往由共同基金构成的401（k）退休金计划中投钱。由于在学校未能受到财商教育，他们口袋中的钱漏光了。

回顾历史

回顾历史时，我们很容易看出，美国和世界的金钱规则已经发生了改变。你已经知道为什么储蓄是为财务上的无知者准备的。这种改变开始于1971年。

1943年，美国政府因参加第二次世界大战而迫切需要钱，于是政府就通过了一项立法，让政府有权在劳动者拿到工资前就拿走他们的部分所得。换句话说，在劳动者得到报酬前，政府先得到了报酬。今天在美国，如果你有一份工作，那么你没有避税的措施来守住你的钱。你不需要注册会计师，因为他们不能守住你的钱财。但是如果你拥有企业或是一名投资者，你会发现，你可以利用政府这张大网上的很多网眼来合理避税。在下一章中，我将深入讨论这些网眼。

如你所知，在1974年，工薪阶层有必要成为投资者，为他们的退休而储蓄。这促使401（k）退休金计划的产生。401（k）退休金计划的问题是，它让政府塞紧了网眼，堵住了工薪阶层合理避税的可能。让我来解释这一点。

当你为钱工作时，你的收入被称为劳动所得，这种收入要缴纳的税最高。当你从401（k）退休金计划中取钱时，取出来的收入，你或许已经猜到，是劳动所得。猜猜看你储蓄的利息税从哪里来？还是劳动所得。

这就意味着，一个人努力工作、储蓄、偿还债务和为401（k）退休金计划投钱，却要缴纳最高税额——因为他的收入是劳动所得。这是在财务上是不明智的做法。遵循这些规则的人，口袋中的钱漏了出来，这说明他们的财商很低，因为他们把自己的很大一部分收入拱手相让。

财务上明智的人并不想要高薪水。接受过财商教育的人宁愿要版税或红利，因为这类收入纳税比例较低。知识渊博的投资者至少知道要通过投资获取资本利得和被动收入。

注意不同的人适用的税制是不一样的，这一点非常重要。在作出财务决定前，你要确保自己找到称职的税务律师和税务会计，并遵从他们的建议。

1913年，美国联邦储备银行成立。这可能是美国历史上最重要的事件之一，全球的金钱规则从此发生了实质性的变化。那些为工资而工作的人应该记住这件事,因为从此他们的个人财富开始受到攻击。

首先,美国的联邦储备银行不是政府的实体,它是虚幻的。它也不是属于美国的实体,它为世界上最富有的人共同拥有。

当联邦储备银行成立时,世界上最富有的人控制了世界上最富有国家的货币体系……然后改变了金钱规则。

今天,我听到美国人要求政府守住美国人的工作和美国人的利益。我偶尔也听到有人说"购买国货"或"支持美国企业"。很好,但是太迟了。那是来自绝望的人们的微弱呼声。在1913年,世界上最富有的人通过控制世界上最富有的经济实体——美国经济,进而控制了世界货币供应。他们改变了金钱规则,不声不响的。

如今从技术层面上说,美国经济已经破产,国库被借据塞得满满的,这些借据被称为债券或短期国债,它们是下一代美国人必须偿还的债务。随着数十亿人到富人的企业工作、在富人的银行储蓄和经由富有的银行家投资富人的资产(也就是股票、债券和共同基金),这种情况仍在继续。设计这种系统是故意的,目的是尽可能多地分享和控制你的钱财——以合法的方式。

很多年前,在20世纪80年代早期,我读了一本好书《巨人之现金抢劫》。英文书名中的grunch是"全体的、普遍的现金抢劫"(Gross Universal Cash Heist)的首字母缩略词。这本书的作者是理查德·巴克敏斯特·富勒博士,他被公认为我们这个时代最杰出的天才之一。在富勒博士1983年去世之前,我有幸3次向他请教。他对我的生活产生了巨大的影响,其他读过他的作品或与他一起学习的许多人同样深受影响。美国哈佛大学把他评为最有影响力的校友之一,美国建筑师学院把他评为20世纪最杰出的设计师之一。

如果你能找到富勒博士的《巨人之现金抢劫》这本书,我相信你会更清楚地知道,人们的金钱是如何从口袋里漏掉的,以及这一点如何隐蔽,让我们的教育系统难以发现。我相信你会觉得这本书令人非常不安,特别是在看到今天的石油、战争、银行、经济和教育等领域的情况时。

在这本书中,富勒博士认为,你上缴税收给美国政府,然后政府把钱分配给那些跨国企业。换句话说,我们选举出来的政府官员、众议院议员和参议院议员,并不代表人民,他们代表着大企业。很意外吧!

2003年,总统小乔治·布什和国会的共和党人毫不掩饰地强行通过处方药福利议案。这个议案是过去20年中最昂贵的议案之一。美国人将为此纳税超过5000亿美元。在这份议案通过后不久,大批国会议员和员工被医药公司雇用,有的人拿到了数百万美元的待遇。这就是巨人抢劫现金的一次行动。

如果你想了解这方面的知识,还可以读这3本书:

理查德·邓肯著《美元危机》

约翰·鲍格尔著《资本主义的灵魂之战》

安迪森·维金著《债务帝国》

我相信读这4本书有价值，因为每本书的作者来自不同的学科，持有不同的观点。例如，富勒博士是未来派，理查德·邓肯是国际银行家，约翰·鲍格尔是美国先锋集团①的创始人，安迪森·维金是国际投资顾问。来自4个不同学科的4本书，基本上在讲述同一件事：富人们正在玩金钱游戏，正在合法地分享着你的钱。

一套新的规则

就我个人而言，我不去尝试改变系统。我的人生信条是：与其改变系统，不如改变自己。换句话说，我不会与驱动风车的风作斗争。因此，我没有政治倾向性。在与那些操控金钱世界的人物的对抗上，我不相信政治或政治家能有所作为。看起来大多数政治家为了获得选举胜利，都要充当那些操纵世界金钱的大人物的工具。大多数的政府财政顾问同时都是这些世界银行家的雇员。

我只想了解规则并按规则办事。这并不意味着我相信规则是合理的或公平的。它们是不合理或不公平的。金钱的规则的确如此，而且有规律地变化着。此外，这种新的金钱世界，即使有不公平之处，仍有诸多益处。它已经给世界带来了巨大的财富和新的产品，提高了世界各地人民的生活水平。全球数十亿人的生活质量正在提高。金钱做了很多善事。

---

①美国先锋集团是世界上最大的不收费基金家族、世界上第二大基金管理公司。

但不幸的是，这些改变是以牺牲许多国家、许多人的利益和我们的环境为代价的。许多人利用别人在财务上的天真无知而变得富有，许多人通过别人口袋漏出的财富而变得富有。这就是第二财商"守住你的钱"非常重要的原因所在。无知是福，这正是和你分享财富的人所期望的——你的无知使他们自然而然地变得富有。

第五章
第三财商：预算你的钱

我的穷爸爸经常这样说:"要量入为出。"

我的富爸爸说:"如果你想富有,就要增加你的收入。"

在本章中,你将会认识到量入为出并不是让你变得富有的聪明方法。你会学到关于预算的知识,了解两种不同类型的预算:一种是预算赤字,另一种是预算盈余。第三财商之所以很重要,就在于学习如何做盈余预算是变得富有和保持富有的关键所在。

预算就是计划

"预算"这个词的一个含义是:为平衡资源和支出所作的计划。

富爸爸说预算是一种计划。他接着解释:"大多数人是把预算做成变穷或成为中产阶级的计划,而不是做成致富的计划。大多数人顶着预算赤字度日,而不是按预算盈余来生活;不去努力创造预算盈余,而是尽可能量入为出,这种做法常常意味着创造预算赤字。"

第一种预算：预算赤字

《巴隆金融和投资手册》中对预算赤字的定义是："政府、企业或个人的支出超过其收入。"注意这个用词"支出超过收入"。入不敷出是预算赤字的原因。这么多的人都顶着预算赤字生活，是因为花钱要比赚钱容易得多。在面对严重的预算赤字时，许多人选择削减开支。富爸爸的建议是不要削减开支，而要提高收入。他认为提高收入、增加财力是更聪明的做法。

政府的预算赤字

谈到政府的预算赤字时，《巴隆金融与投资手册》中这样写到："美国联邦政府累积的预算赤字，必须通过发行国债来负担。"在本书前面几章中，我写到美国政府正在通过出售债务（也就是国库券）来解决问题，而这些债务是未来的纳税人必须偿还的。社会保险信托基金实际上是不存在的，里面只有满满当当的国库券。换句话说，因为美国政府靠预算赤字运作，公众存入的社会保险基金被用来偿还债务，而没有用来增加社会保险信托基金。请看下页左图。

企业预算赤字

《巴隆金融和投资手册》中还说到："企业的预算赤字必须通过增加产品的销量和降低成本支出来减少或消除，否则最终将破产。"请再注意一下这两种选择：一种选择是提高产品的销量，另一种选择是降低成本支出。

企业赤字的财政报表看起来如右图所示：

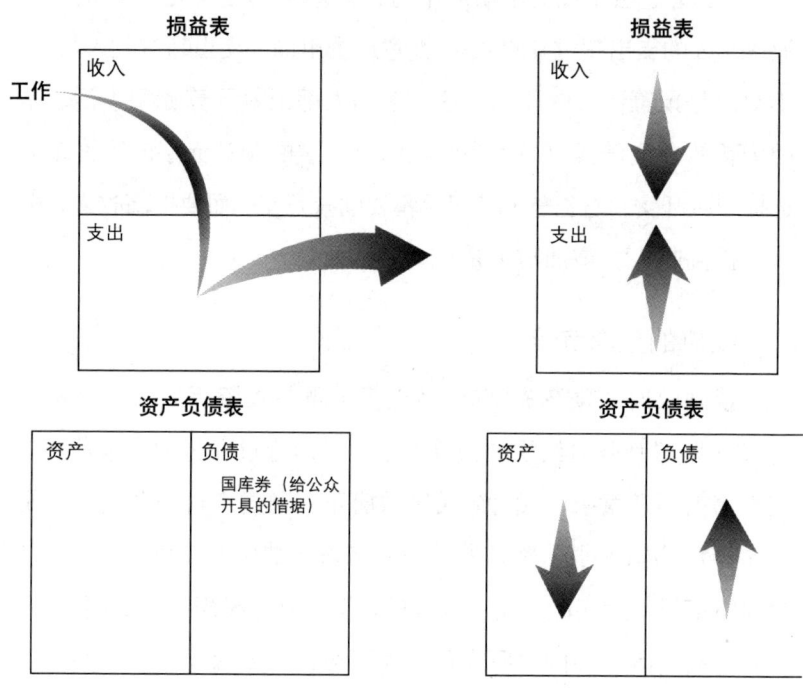

富爸爸建议我去施乐公司工作的原因之一是，我可以通过学习来提高产品销量，从而增加收入。对于许多企业和个人来说，增加收入很困难。因为对于不会销售的企业来说，削减开支、对外举债或卖掉资产要容易得多。但问题是，这样做通常会使局面变得更糟糕。我再强调一次，这就是富爸爸建议我学习销售的原因。如果你能卖出东西，就能增加收入。在富爸爸看来，提高收入而不是削减开支，是解决预算赤字的更好方法。显而易见，如果把钱花在一些无谓的消费上（比如举办奢侈的宴会），或产生了非生产性的债务（比如购买飞机作为交通工具），那么在尝试提高产品的销量之前，最好还是先解决掉这些不负责任的财务问题。

个人的预算赤字

《巴隆金融和投资手册》中说："总是入不敷出的人，如果不能及时偿还债务，将会负债累累，最终可能被迫宣布破产。"

众所周知，许多人都有债务，因为他们的支出多于收入。正如前一章中提到的那样，人们没有足够的钱可以花的一个原因是，在他们拿到报酬放进口袋之前钱就被拿走了。在人们得到报酬之前就拿走他们的钱，借口是大多数人缺乏管理自己钱财的理财智慧。如果学校开设财商教育课程，或许许多人就会有能力管理钱财，而不用让政府官员和银行家来帮他们理财。让政府官员和银行家来管理金钱的问题是，他们认为你的钱就是他们的钱。

个人的损益表如下页图所示。

位于E象限的人一般无法控制他们的4种主要支出——税金、社会保险、退休金和抵押付款。从这个图表中，可以看到你通过税收和社会保险上缴了一部分钱，而通过401（k）退休金计划和抵押付款又把一部分钱交到银行家手中。这是许多人出现预算赤字的原因。

具有理财智慧的人可以控制这些支出。

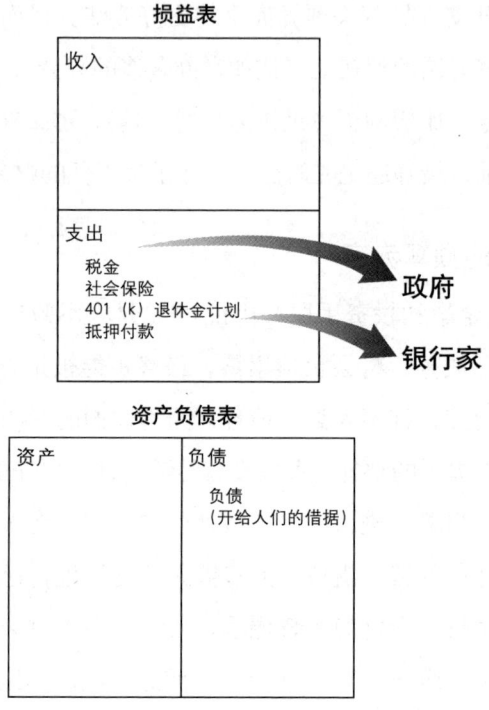

第二种预算：预算盈余

《巴隆金融和投资手册》中这样写道："政府、企业或个人在一段特定的时期内收入超过其支出，就是预算盈余。"

请注意"收入超过支出"这句话。这并不一定就是量入为出，不是说削减开支创造了盈余，尽管削减开支可能会使得收入多于支出。这个定义是说预算盈余的重点在于创造超额收入——即第一财商"赚更多的钱"。富爸爸喜欢"超额收入"这几个字。本章要探讨的就是超额收入,而不是削减开支和量入为出。

政府的预算盈余

《巴隆金融和投资手册》中写道:"政府出现预算盈余时,可能会选择启动新的项目或降低税收。"

这个说法有点问题。第一个问题是当政府创造了盈余,就会把它们花掉。下面讲述的是政府合约如何运作的:如果某政府机构效率高,节省了一些资金,那么这个机构会因此被削减下一年的预算——受到惩罚,而不是得到奖励。为了避免这种情况出现,大多数政府机构会花掉所有的预算,即使没有必要这么做。这就意味着费用持续上涨,出现预算盈余的概率几乎为零。换句话说,美国政府愿意靠预算赤字运作,而且不管哪个政党上台执政,税收都会有所增加。

民主党如何管理预算。你可能会想起在上一章中我曾提到的民主党喜欢征税和花钱。民主党喜欢把钱花在政府的社会项目上,如社会保险和医疗保险等。问题是,社会项目只会变得越来越大,因为政府无法解决它想解决的问题。为了达到财务平衡,预算就会增加,恶性循环不断延续。对美国的政府部门来说,平庸得到褒奖,有效率反而要受惩罚。

如下页图所示,这是民主党的预算。

共和党如何管理预算。共和党喜欢借钱和花钱。他们想用增加负债的方式,大量供给"假钞"以发展经济。这几乎就是发行合法的假币来刺激经济发展。我要再一次强调，这么做看起来是收入增加了，但实际上是以发行短期国库券和债券的形式增加了债务，最终只会使盈余的前景变得更黯淡。许多中产阶级把他们的房地产当做自动取款机，其实是做着和共和党政府同样的事情。每当房地产升值时——这主要是由美元贬值引起的，他们就从房产抵押中借钱来偿还信用卡账单。

损益表

收入
增加的税收
支出
增加的支出

资产负债表

资产	负债
减少资产	通过社会项目 　增加负债

简而言之,在赚得少的情况下,又借钱花得更多,这时是不可能实现预算盈余的。能言善辩如克林顿总统也只好说:"笨蛋,问题出在经济上。"下面的图表显示的是共和党的预算:

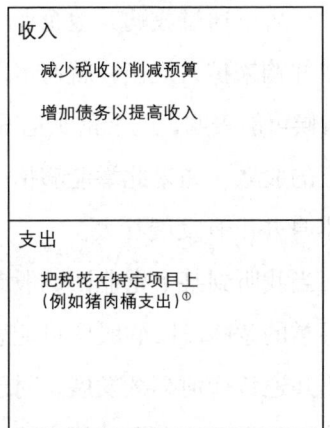

损益表

收入
减少税收以削减预算
增加债务以提高收入

支出
把税花在特定项目上 (例如猪肉桶支出)①

资产负债表

资产	负债
	短期国库券和债券

---

① "猪肉桶"是美国的政治术语。南北战争前,南方种植园主家里都有几个大木桶,把日后要分给奴隶的猪肉腌在里面。"猪肉桶"喻指人人有份。后来,政界把议员在国会制订拨款法时将钱拨给自己的州(选区)或自己特别热心的某个具体项目的做法,叫做"猪肉桶支出"。

企业预算盈余

《巴隆金融和投资手册》中这样说道:"有盈余的企业可能通过投资或并购来扩大规模,或者选择回购股票。"

请注意企业扩大规模的两种方法:投资或并购。企业可以通过投资来扩大规模,也可以通过收购其他企业来扩大规模。如果企业不能通过投资或并购来扩大规模,就有可能回购股票。企业回购股票的行为有时候可能表明,这个企业觉得已无力扩大规模,所以才选择购买自己的股票。如果此举能够抬高股价,股东们会很高兴,即使企业本身并没有发展壮大。

不管什么时候,当我听到某个企业回购股票,就马上意识到这可能有某种不同寻常的意味。回购股票可能表明企业已经停止发展,而且管理层不知道该如何继续发展。对于投资者来说,这不是一个好兆头。这时如果股价上涨,不应购买更多的股份,反而应该抛售股份。

回购股票也可能意味着,管理层认为与企业的资产价值相比股价过低。如果是这样,当股价上涨时,投资者应该买进更多的股份。

换句话说,企业的预算盈余会告诉我们有关该企业及其管理层的方方面面。

个人预算盈余

《巴隆金融和投资手册》中这样说道:"个人可能选择用预算盈余来偿还债务、增加消费或者用于投资。"

请注意,《巴隆金融和投资手册》为个人的预算盈余提供3种选择，分别是：偿还债务、增加消费或进行投资。如大家所知道的那样，这么多人出现财务问题的一个原因就是，他们增加了消费和债务，而减少了投资。

两种选择

在谈及第三财商"预算你的钱"时，只有两种选择——要么预算赤字，要么预算盈余。许多人选择预算赤字。如果你想成为富人，请选择预算盈余，并通过增加收入而不是减少支出来实现预算盈余。

预算赤字

我在亚特兰大的一个朋友丹赚了很多钱。他必须赚很多钱。如果他停止赚钱，金钱问题就会将他活生生地吞掉。他已经选择了预算赤字。

每次丹赚到更多钱时，他既想买更大的房子，又想买更新款的汽车，或者和孩子们一起享受一个奢侈的假期。他还有另一个坏习惯。大约每隔10年，他会与一名年轻女子结婚，新生一个孩子。丹慢慢变老，但是他的妻子总是很年轻——一般都在25岁左右。丹是一个赚钱的专家，但由于预算赤字，他的财务问题变得更加糟糕。

预算盈余

第二个财务选择是计划预算盈余。在第一财商"赚更多的钱"

和第二财商"守住你的钱"之后，学习如何做盈余预算对获得财务健全是十分必要的。接下来讲述关于做盈余预算的许多课程，都是我从富爸爸和其他富人那里学来的。

预算诀窍一：**预算盈余是一项支出**。这是富爸爸传授给他的儿子和我的最好理财课程之一。富爸爸指着财务报表对我们说："你必须把盈余当做一项支出。"为了创造预算盈余，他做了这样的财务报表：

损益表

收入
支出 　储蓄 　什一税① 　投资

资产负债表

资产	负债

---

① 天主教教徒缴纳什一税是其基本义务，什一即是十分之一，信徒缴纳其收入的十分之一以供宗教事业之用。

他进一步解释，这么多的政府、企业和个人无法创造预算盈余是因为他们认为预算盈余看起来是这样的：

损益表

收入
支出

资产负债表

资产	负债
储蓄 什一税 投资	

在《富爸爸穷爸爸》中，我提到了首先给自己付报酬的重要性。第一种预算就是首先给自己付报酬，第二种预算就是最后给自己付报酬。

大多数人知道他们应该储蓄、缴什一税和投资。问题是，大多数人支付了他们的支出后，就没有什么钱了。原因是他们认为储蓄、缴纳什一税和投资不是优先要做的。

我来举例说明一下。再来看看这张财务报表，你就能了解人们对每件事的优先选择情况。

损益表

收入
第一优先

支出
第三优先

资产负债表

资产	负债
第四优先	第二优先

换句话说，大多数中产阶级做财务规划的顺序是这样的：

第一优先：得到一份高收入的工作。

第二优先：支付按揭和汽车费用。

第三优先：及时支付账单。

第四优先：储蓄、缴什一税和投资。

换句话说，给自己付报酬是他们最后才做的事。

盈余必须优先

为了创造预算盈余，盈余必须成为你的优先事项。要使盈余成为优先事项，最好的方法是重新优化你的消费习惯。储蓄、缴纳什一税和投资至少要放在第二优先位置，并且列在财务报表的支出栏中。

说得容易做起来难

我知道你们大多数人都同意我的分析，而且同意应该把储蓄、缴纳什一税和投资放在最优先的位置。我知道这说起来容易做起来难，所以现在我会告诉你我和金是如何处理这个问题的。

婚后不久，我们面临着许多新婚夫妇都会面对的财务问题。我们的支出比收入多得多。为了解决这个问题，我们雇用贝蒂做会计，负责管理我们的财务。我们要求贝蒂从总收入中拿出30%作为支出，并把这笔钱列在资产栏中。

举个简单的数据来说明，如果我们的收入是1000美元，支出是1500美元，那么贝蒂会先从1000美元中拿出30%，即300美元，并放入资产一栏中。她只能用剩余的700美元来支付1500美元的支出。

贝蒂快疯掉了。她认为我们简直是疯子。她说："你们不能这样做。你们得支付账单。"她差点辞职。想想看,贝蒂是一个多么优秀的会计,但是她像穷人那样做预算。她首先付给其他人钱,最后才给自己付报酬。因为几乎没有什么余钱,所以她就不能给自己支付报酬了。她的债权人、政府和银行家显然都比她自己重要得多。

贝蒂怀疑并反对我们的做法。她所受到的所有训练都告诉她,要先支付给别人。不付账单或不纳税的想法使她两腿发软。

最终,她理解了这样做正是帮我们的忙。她正在帮助我们摆脱困境。我对她解释说,她在帮助我们解决一个非常大的问题——钱不够的问题。如你所知,解决问题可以使我们变得更聪明。她理解了她确实是在通过支出创造收入时,就很赞同我们的计划并创造了预算盈余。对于收入的每1美元,贝蒂都会拿出30美分用于储蓄、缴什一税和投资。她知道储蓄、什一税和投资是创造预算盈余的必要支出,是我们第一位和最重要的支出。

她用剩下的70美分支付税金、按揭和汽车费用,然后支付我们的电、水、食物、衣服等账单。

不用说,有很长一段时间里,我们每个月都入不敷出。我们首先给自己付报酬,但我们并没有足够的钱来付给别人。有好几个月,我和金每月都有将近4000美元的现金缺口。我们应该从资产中划出4000美元来付账单,但那是我们的钱。资产栏是属于我们的。

我们不慌不忙,只是让贝蒂坐下来和我们谈谈每个月缺多少钱。做了一个深呼吸后,我们说:"是时候增强第一财商'赚更多的钱'了。"我和金立即开始做我们力所能及的事来赚更多的钱。

金利用她的市场营销知识，经常给客户打电话，为他们做市场营销方案。她也做模特，卖掉了许多衣服。我去讲授投资、销售和市场营销的课程。有几个月，我为当地的房地产公司培训销售员。我甚至还帮别人搬家，为别的家庭做清洁工。

换句话说，我们放下自尊，做任何能赚到额外收入的工作。不知怎的，我们总是能做到；而且贝蒂一直和我们在一起，帮我们想办法和处理问题，甚至比我们更操心。

可惜的是，贝蒂帮助了我们，却不愿帮助她自己。我们听说，她辞职后与她的独生女一起生活。她们分摊开销，贝蒂用社会保险金来支付她们的生活费。她们没有做到预算盈余。

把钱用于投资

1989 年，金购置了第一幢房产用于出租。她投入了 5 000 美元，每月赚取 25 美元的租金。今天，金手握数百万美元的投资组合，拥有上千套出租屋，而且这个数字还在增加。如果我们不能把投资当成支出，不能首先给自己支付报酬，那么现在我们可能仍然先把钱付给别人。

储蓄

我们也储蓄，直到口袋里有可供超过一年支出的现金。我们不在银行做小额储蓄，而是持有黄金和白银 ETFs，即交易型基金。这意味着如果我们需要现金——即流动资金——我们就要找那个拥有金银交易许可证的经纪人,因为我们的流动资产由他来掌握,而不是现金的形式存在银行里。如你所知,我不喜欢美元,因为它在持续贬值。持有金银或储蓄金银,能防止我随意把钱花掉。我不喜欢将黄金和白银兑现为美元,因为这么做就是将升值的资产换成贬值的商品。

上帝是我们的伙伴

至于什一税,我们会继续将收入的一大部分捐赠给慈善组织。给予非常重要。我的一个朋友是非常虔诚的教友,他说道:"上帝并不需要接受,但是人类需要给予。"也就是说,我们给予是因为什一税是支付给我们的伙伴——上帝的。上帝是我遇到的最好的伙伴——他只要10美分,给我留下90美分。如果你不支付给你的伙伴,你知道会发生什么事吗?他们再也不会与你一起工作。这就是我们要缴纳什一税的原因。

出现资金短缺

在做盈余预算时,我和金想到的第一件事就是我们永远也赚不够。每个月都会出现资金短缺,这也有好处——我们是在一生中的早期而非在晚期面对钱不够这个问题。我猜想有很多人在年轻时每个月都缺钱,在他们生命的晚期,在他们停止工作时,他们还是缺钱。那时再解决这个问题,可能为时已晚。

正如本书一开篇我提到的那样,如果你不解决问题,那么问题会终生相随。很少有问题会自动解决。因此,在事业早期,即使面临金钱短缺的问题，我们仍决定先给自己付报酬。缺钱的事实促使我们去解决问题。

谁的反对声最大

当我们先给自己付报酬时，最大的反对声来自银行家和我们的债权人。我们没有受他们的恐吓赶紧付款，而是因他们的恐吓而激励自己去提高第一财商"赚更多的钱"。

许多人没有首先付款给自己，因为没人冲他们吼。没人会雇用一个收账单的人向自己催款。也没人会用被没收抵押品来威胁自己。换句话说，如果我们不给自己付款，就不会给自己施加压力。我们没有屈服于债权人的压力而付钱给他们。我们利用被债权人施压的机会，来激励自己赚更多的钱，提高收入。

预算秘诀二：支出栏是水晶球。如果你想预测某个人的未来，只要看看他每个月的支出。我来举例说明一下：

某 A	某 B
给教堂捐款	半打啤酒
储蓄	新鞋子
买投资的书籍	新电视
付费参加投资研讨会	足球比赛门票
健身费用	半打啤酒
慈善组织捐款	一包薯片
聘请私人教练	半打啤酒

富爸爸说:"你可以通过看一个人把时间和金钱花在什么地方,来判断他的未来。"他又说:"时间和金钱是非常重要的资产,要聪明地利用它们。"

你可以通过看某个人的支出栏,来明确判断预算盈余对他来说有多么重要。举个例子:

损益表

收入
工资(劳动所得)
支出
收入所得税 　社会保障税 　401(K)退休金计划 　住房按揭 　汽车费用 　信用卡账单 　食品 　衣服 　汽油 　电费

资产负债表

资产	负债
	住房按揭 　汽车费用 　信用卡欠债 　退休金

你看上面的图表,有多少钱是先用来支付给其他组织或人。

请注意，我把退休金放在了负债栏中。在技术层面上，退休金是无需准备金的负债，直到它变成一项资产。如果你为401（k）退休金计划往银行里存钱，那么你就得支付最高比例的税，因为它是作为劳动所得来征税的。

请将上面的支出栏和下面这个首先给自己付报酬的支出栏进行比较。

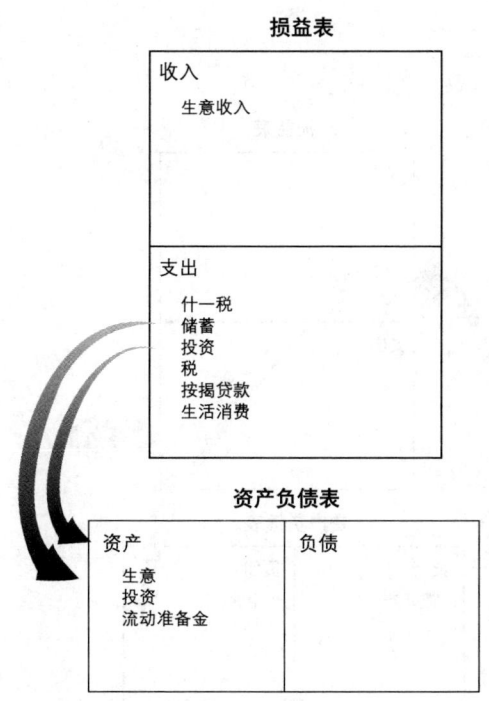

请记住这一点：资产栏是属于你的。如果你不能首先给自己付报酬，别人也不愿意给你付报酬。你每日花在你自己和上帝的

钱——如果你相信上帝并缴纳什一税的话——决定了你的财富未来。

预算秘诀三：我的资产偿还我的负债。我的穷爸爸坚信买便宜货有很多好处，他认为节俭是聪明的预算。我们生活在普通社区，住着普通住宅。我的富爸爸热爱奢侈，他住在高级社区的一栋童话般的豪宅中，过着富豪生活。他不喜欢便宜货，尽管他也是谨慎地花钱。

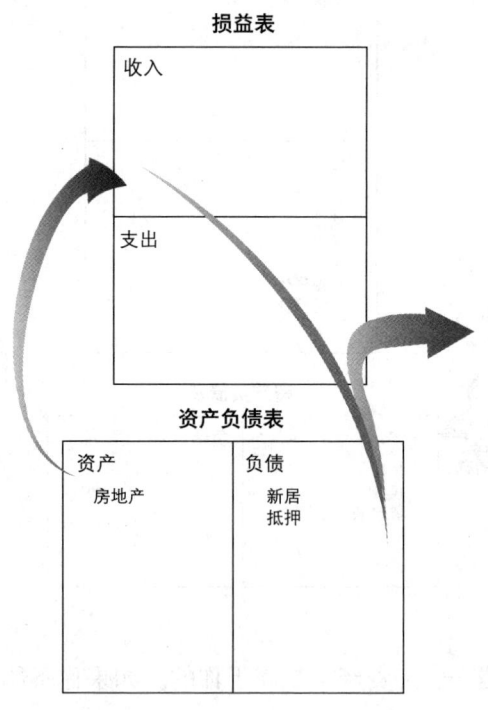

如果我的穷爸爸想要一件奢侈的东西，他就会说自己不应该拥有奢侈品。他说："我们买不起它。"如果我的富爸爸想要一件奢侈的东西，他就会说："我该怎么做才能买它呢？"而且他找到了买它的方法，即用资产栏创造一项资产、来偿还由买它带来的负债。他的财务报表看起来如上页图所示。

换句话说，他通过先给自己付报酬来获得资产，然后用资产带来的现金收益购置奢侈品，偿还欠下的负债。如果他想要高级奢侈品，他就首先创造大项资产。而许多人的做法是，先买奢侈品，但再也没有足够的钱来购置资产。我再强调一次，这是优先的问题。

宾利账户

两年前，我想要一辆新的汽车———一辆宾利。它的售价是20万美元。在资产栏中，我有这笔钱。我有能力用现金来支付。问题是，我如果用20万美元现金买了一辆宾利，开一阵子后，它就只值12.5万美元。那么，用现金支付就不是一个明智的选择。

我没有用现金，而是给我的股票经纪人汤姆打电话，授权他把我的一部分黄金和白银股票套现20万美元。他的工作就是在我的账户中拿出20万美元，然后变成45万美元——这个项目叫做宾利账户。汤姆花了8个月的时间，最后他给我打电话说："你可以买宾利了。"然后我写了一张支票，用我的资产创造出的现金购买了宾利。这个交易是下面这样的流程。

从下面这个资产负债表开始：

资产负债表	
资产 20万美元现金	负债

用这样的资产负债表结束：

资产负债表	
资产 20万美元现金	负债 宾利

我需要 45 万美元，是因为另有 5 万美元要用来弥补资本利得税以及支付汤姆佣金。最后，我得到了宾利，同时仍有原来的 20 万美元。

如果我只是用现金购买宾利，而不用交易账户，那么最后的资产负债表可能是这样的：

资产负债表	
资产	负债 宾利

我可能失去了20万美元的现金资产（也就是黄金和白银股票），还会失去另外7.5万美元，因为我一旦将汽车买到手时，它就立即贬值。

在第四章"第二财商：守住你的钱"中，我写到，好的经纪人会使你变得富有，而坏的经纪人会推脱责任。宾利账户就是一个例子，说明了好的经纪人使我变得富有和快乐，使我得以过上奢侈的生活。所以，如果你还没有一个好的经纪人，一定要坚持寻找。

资产=奢侈的负债

我成为作家有一个好处：当我想要一项新的负债时，我就先写一本书——就像这本书——然后用版税来支付负债。未来的交易是这样的：

资产负债表

资产	负债
本书	未来的负债

这里，可能有必要提醒你什么是资产、什么是负债。在《富爸爸穷爸爸》那本书中，我简单地对它们下了定义：资产是往你的口袋里放钱的东西，负债是从你口袋里拿钱的东西。享受负债没什么不好的——只要你能够继续首先支付给自己，并用你的资产产生的收益购买你的负债。在上面的例子中，我用资产购买了

负债，我仍然终生拥有那些资产以及宾利汽车。

我再举几个用资产购买负债的例子，见下面这个图表：

资产负债表

资产	负债
公寓	永久居所

资产负债表

资产	负债
石油生产	海滨别墅

这儿有一些真实的事例，我和金用我们对奢侈品的欲望使我们变得更富有，而不是更贫困。正如之前说到的，我不相信量入为出。我认为首先要扩大需求，然后享受生活。财商低的人只知道如何量入为出，换句话说，只知道削减支出。如果你不能让自己过上富足的生活，那为什么还要活着呢？

预算秘诀四：通过消费变得富有。在经济困难时，大多数人会削减支出，而不是去消费。这就是这么多人不能获得并保住财产的一个原因。

举例来说，在商界，当一家公司的销量开始下滑时，会计做的第一件事就是削减支出。他们削减的第一项支出是广告和促销费用。广告和促销的投入减少了，销量就会下滑，问题会变得更严重。

财商高的一个标志就是懂得何时花钱、何时削减支出。当我和金意识到有财务出现困难时，不是让会计贝蒂削减支出和先支付账单，而是全力以赴做常规销售、市场营销和短期促销。我们投入时间、金钱和精力来增加收入。我们没有削减支出。

在工商行业，有许多企业主或经理压榨工人——工人们需要工作和金钱。有一些人利用工人的弱点使他们变得更加软弱。例如，有许多大公司降低工资增加工作量，迫使你更加努力地工作。他们知道，如果你辞职，就会有别人取而代之。这就是他们玩弄的花招。

施乐公司也玩这种伎俩。当我做得好时，他们不但没有给我加薪，反而减少我负责的区域，增加我的工作强度，还降低薪水。正是他们的这种做法使我更有效率。一开始，我觉得很生气，我想辞职……我差点就这样做了。

如果不是富爸爸的话，我可能就辞职了。出乎我意料的是，富爸爸向我指出，施乐公司正在用商业方式训练我。他们正在训练我：付出更少，完成更多。他们正在使我变得更强大。我看到这种商业方式的好处，因此成了更有头脑的生意人。我学着去承受压力，利用压力。

我和金告诉会计贝蒂，要在纳税和支付账单前，首先支付我们自己的报酬，这就是我们的生存之道，它使我们更强大，在商界更容易存活。当债权人打电话威胁我们时，我们没有哭泣，也不畏缩和乞求，我们借债权人之力把自己推出家门，赚更多的钱。

当别人用批评和谎言来诋毁我时,我利用他们的否定使我更加乐观,更加坚定获取胜利的决心。

当问题出现时,我利用问题使自己变得更聪明,使自己变得比问题更强大。

每天坚持不懈

做预算是学习和变得聪明的一个重要过程。每天都要坚持不懈。我和金没有去为金钱而争吵,而是利用这个过程讨论和学习更多关于金钱的知识,也更加了解我们自己。好事不会突然降临,但总会发生。如果你真诚地努力创造预算盈余,那么生活会变得更富足。那正是预算的目的和任务——利用你所拥有的(即使你现在身无分文)——使自己变得更好、更强大、更富有。

贫困如何能使你变得富有

我要再说一次预算的定义:为平衡资源和支出所作的计划。你可能已经注意到,预算不是关于协调金钱的计划,它协调的是资源。富爸爸给我的一个重要教诲就是:如果你解决了财务问题,财务问题就是一种资源。如果你学着去接受诸如没有足够的钱、糟糕的老板或堆积如山的债务等财务问题,并把它们当做学习的资源和机会,你就会慢慢地(但一定能)创造预算盈余。

我的富爸爸教给我关于理财智慧的课程,确实是金玉良言。

他教他的儿子和我要随机应变，将问题转化为机遇。他说："当我还是个孩子时，我很穷。今天我却很富有，因为我把贫穷看做机遇，是上帝赐给我的使我变得富有的重要资源。"

良性债务和不良债务

债务有两种类型：良性债务和不良债务。简单地说，良性债务可以使你变得富有，别人会分期为你偿还；不良债务使你变得贫穷，而且你自己不得不偿还。

钱会使一些人做愚蠢的事情。举例来说，许多人做的事情在财务上很愚蠢，如买大房子、挖游泳池、用信用卡支付账单，然后用房子的资产净值抵押来支付信用卡账单。这样就是在创造预算赤字，造成坏局面并使事情变得更加糟糕。

美国政府也做着同样的事情。许多政府官员误以为花钱可以解决问题，结果问题变得更严重，需要更多的钱，导致了预算赤字。

当今世界一个非常严峻的问题就是不良债务泛滥。不良债务是由负债引起的债务。变得富有的一个方法是把不良债务看做机遇和资源，使你变得更富有而不是更贫困。

如果不良债务正困扰着你，那么你可能是自己最大的敌人。要是你通过筹借不良债务来解决问题，问题就会变得更大、更糟糕。我的建议是把不良债务问题看做是自我学习和变得更聪明的机会。

我曾经有一笔生意失败了，亏损了差不多100万美元。在廉价卖掉个人资产和公司资产后，我仍然背负着40万美元的债务。为了解决这个不良债务，我和金想出了一个计划来进行偿还。这一次，我们并没有削减支出，而是让会计贝蒂督促我们在正确的道路上前进，还利用我们的问题变得更富有，而不是更贫穷。换句话说，当还清所有的债务后，我们变得更富有。我们继续缴纳什一税、储蓄和投资，偿还了所有的不良债务。

回头看看那些堆积如山的不良债务，我很高兴我们通过解决问题更聪明地做预算。虽然我永远不想再有那样的债务，但是我很高兴学到了东西，并解决了这个债务问题。

在我和金缺钱时，我们把问题当做资源来赚更多的钱。我们不是量入为出，或者借更多的钱来偿还不良债务，而是把问题看做变得更聪明的资源，作为学习和变得更富有的机遇。

一定要牢记这一点

第三财商"预算你的钱"就如同第二财商用百分比衡量一样，也可以用进入你的资产栏中收入的百分比来衡量。

如果拿出30%太难了，那么就从3%开始。举例来说，如果你赚1000美元，实在没有300美元或30%可以放到资产栏，那么就把3%或30美元放入资产栏吧。如果这3%让你的生活更艰难，那也很好。如果艰难的生活能使你变得更聪明，那么艰难的生活就是很好的。

你分配给资产栏的收入比例越高,你的第三财商就越高。我和金差不多将我们收入的80%分配到资产栏,只靠剩余的20%生活。另外,我们从不说"我们买不起",我们也从不量入为出。通过继续保持财务上的挑战性,我们变得更加聪明,因预算盈余过上更富有的生活。

第六章
第四财商：撬起金钱的杠杆

INCREASE YOUR
FINANCIAL
IQ

2007年8月9日,股市暴跌了将近400点。美国联邦储备银行和世界各地的中央银行开始向股市注入数十亿现金,以防恐慌继续蔓延。

第二天,股市仍然很紧张。当我正为新的一天做准备时,早间的一档电视节目正在播放3位理财顾问发表的观点。他们的一致建议是:"不要恐慌。坚持到底。"

问及进一步的建议时,他们3个人都说:"储蓄、还债和长期投资多元化投资组合的共同基金。"我刮完胡子,心想这些理财专家是不是都毕业于同一所学校——这所学校专门培养人云亦云的学生。

最后,其中一位理财顾问花了点时间说了些别的事情。她谴责房地产市场导致股市混乱,又怪罪贪婪的投资者、肆无忌惮的房地产中介以及掠夺成性的抵押贷款银行,认为是他们导致了次贷危机,从而引发了股市的暴跌。

这位顾问说:"我告诉我的客户房地产有风险,我的建议一直没有变。房地产是风险投资,投资者应该长期投资蓝筹股和共同基金。"

当电视上这位理财师正要结束对房地产的抨击时，我的妻子金走进房间说："记得今天我们要交割300套公寓。"

我点头说："我会去的。"

我一边穿衣服，一边想："真有趣，理财顾问说投资房地产有风险，房地产市场即将瘫痪，而这时，我和金在俄克拉荷马州塔尔萨市刚买了价值1700万美元的公寓……而且很兴奋。难道我们不是在同一个星球上吗？"

新资本主义

2007年8月9日、10日，投资者亏损了数十亿美元，美国联邦储备银行向银行系统注入数十亿美元现金，尽力稳定房地产、股票和债券市场。这种资金注入就是新资本主义的运作，即建立在债务和中央银行操控上的经济制度的运作。中央银行通过玩弄世界货币供应的花招来操控股市，这几乎就像你我用新的信用卡来支付旧的信用卡账单。

同一星期后几天，我作为嘉宾，被邀请到两个电视台和3个广播节目中评论崩溃的市场。主持人想知道我是怎么想的，也想知道我对联邦储备银行向瘫痪的市场注入资金的看法，以及联邦储备银行是否应该通过降低利率来挽救市场。在所有的访谈中，我都说："我不喜欢中央银行操纵市场。我认为政府不应该干预成熟的对冲基金和金融制度，并以此掩饰他们自己的贪婪和过失。"

我又说："我很同情那些普通人。某一天，数百万辛苦劳作的人们，不玩金钱游戏的人们，眼睁睁地看着他们的房子在房地产市场中贬值，他们的储蓄在债券市场中贬值，他们的退休金投资组合在股市中贬值。"

被问及是否继续投资时，我的回答是："是。"被问及投资瘫痪的市场是否有风险时，我回答："总是有风险的。"我的结束语是："市场的兴与衰并不影响我为什么投资和我投资什么。"

两种观点

尽管有一个问题没有被问到，但是我想这个问题可能更有价值：对房地产持消极态度的理财顾问和我对房地产的观点有什么不同？或者说：为什么在这么多人恐慌不安之时，我却为购置更多的房产而兴奋？

在这一章中，你可以通过厘清两个金融概念得到这个问题的答案，即控制和杠杆。

正如我在本书中反复强调的：在1971年和1974年金钱规则已经发生了变化，产生了新的金钱规则和新的资本主义。1974年，数百万工薪阶层开始失去他们终生享受的福利，也就是失去大家所熟知的固定福利退休金。问题是，大多数人几乎没接受过为退休而适当投资的理财培训和财商教育。另一个问题是，新的资本主义要求人们对其无法控制、无法施加杠杆作用的资产做投资。在市场崩溃时，大多数人能做的，只是绝望地看着金融风暴卷走他们的财富，摧毁了他们的财务安全。

新的资本主义把数百万人的钱拿去投资,却不容许他们进行控制或利用杠杆作用。而我可以控制我的投资,在上面买下300套公寓的例子中,我没有受到市场崩溃的影响。因为我能够控制,我对更好地运用杠杆作用很有信心;由于能够加以控制和利用杠杆作用,我就能在更短的时间内获得更多的财富,风险更小,还能将市场萧条或繁荣对投资的影响最小化。

市场已经萎靡很长一段时间了

在我写本书之前,《今日美国》做过一个调查,发现今天美国人最恐惧的不是恐怖组织,而是害怕退休后坐吃山空。在2007年8月9日和10日后,我确信这种恐慌会进一步蔓延。

人们如此担忧是有理由的。请看下面这两个图表,可以看到1971年和1974年金钱规则的改变对股市价值的影响。如你所看到的,市场确实已经萎靡很长一段时间了。

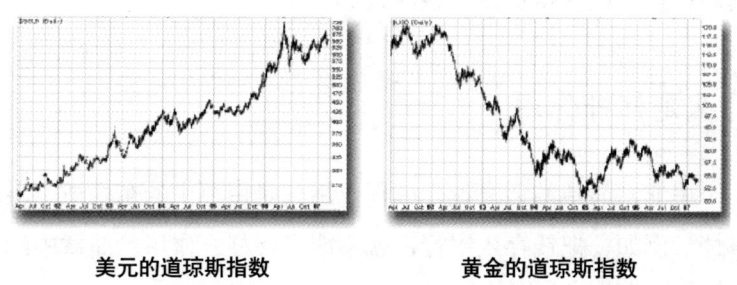

美元的道琼斯指数　　　　黄金的道琼斯指数

和房地产市场一样,道琼斯指数上涨时,美元的购买力其实在下降。货币贬值使大多数人未来的财务前景更不可靠，这些图表说明他们的未来需要更多的钱，生活物资变得更昂贵。

没有杠杆作用，大多数工薪阶层无法存足够的钱以备未来之需，因为他们存的钱越多，钱的价值就越低。在希特勒上台前，有一个有关德国经济的有趣故事，可以形象地说明这一点。故事是这样的：有个妇女推着装满钱的手推车去面包店买一条面包。她与售货员讨价还价后，走出面包店去手推车取钱，却发现有人已经偷走了她的手推车，而留下了她的钱。这种事情现在正发生在美国的储户身上。

在通货膨胀如此严重的情况下，退休后需要多少积蓄才能安度晚年呢？如果你退休后，需要做救命的外科手术，而又不能全都依赖政府的医疗项目，那该怎么办呢？如果你的问题是退休后没有足够的钱生活，你要怎么做呢？

这就是第四财商"撬动金钱的杠杆"如此重要的原因。利用杠杆作用，就可以让别人的钱为你工作，而且，如果你的第三财商高，还可以获得更多的税收优惠。

什么是杠杆作用

用非常简单的话来说，杠杆作用就是用更少的东西做更多的事情。例如，把钱存入银行，就不能发挥杠杆作用。储蓄中的每一美元有1:1的杠杆效应。储户的钱只能有多少用多少。

对于那300套公寓的投资，我的银行动用我投资房地产的

1700万美元中的80%。通过利用银行的钱,我的杠杆效应是1：4。我每投资1美元,银行就借给我4美元。

那么为什么电视上的理财顾问说房地产投资风险很大呢？我再次强调,这个问题的答案关系到控制。如果投资者缺乏控制其投资的理财智慧,利用杠杆作用就会有很大的风险。因为大多数理财顾问把钱投资到他们不能控制的地方,所以他们就不应该运用杠杆作用。运用杠杆作用投资你不能控制的东西,就如同买了一辆没有方向盘的汽车,而又猛踩油门一样。

在房地产市场崩溃时遭受损失的那些人,原本多指望房地产持续上涨,使他们的房产增值。许多人在房价飞涨的时候将房子拿去做抵押贷款。现在房子的价值却比他们的欠款要低。他们没有对投资加以控制,只好听凭市场的摆布。

许多还得起抵押贷款的房主也很难过,因为他们的房子的价值已经跌了不少。他们眼睁睁地看着房子的资产净值消失。当房价下跌时,许多房主觉得自己已经损失了钱。这就是通常所说的财富效应[①]。由于通货膨胀,实际上并不是资产价值增加,而是美元购买力下降了,当房子的价值看似增加时,许多人感觉自己更富有。当他们觉得更富有时,就借更多的钱（运用杠杆作用）,并靠负债花掉更多的钱。这是新资本主义的直接后果,经济发展建立在美元贬值和国债增长的基础上。

[①] 财富效应又称实际余额效应,指由于资产价格上涨（或下跌）,资产持有人财富增长（或减少）,进而促进（或抑制）消费增长,并促进（或抑制）经济增长。简单地说,就是指人们资产越多,消费欲望越强。

我的房产不是建立在资产净值上

财富效应源于对资产净值的幻想。资产净值是资产减去负债后剩下的值。在房价上涨时,大多数人觉得他们的资产净值已经上升了。那些已经读过我写的其他书的读者可能已经知道,我认为资产净值是无价值的,其原因有三:

1. 资产净值的估算通常基于主观而非事实。房子的价值仅仅是估算的。直到房子售出时,你才知道它的实际价格。这表明许多人过度夸大他们房子的估值。直到要卖房子时,他们才知道事实:实际价格和实际价值。不幸的是,许多人已经依据他们对房子的认知价值做抵押,而借了很多钱,可能所欠的款项已经高于他们卖掉房子后的所得。

2. 资产净值通常建立在价值下降的房产之上。当填写信用卡申请表时,我可以在资产栏上填写大多数房产。我可以将职业套装、衬衫、领带和鞋子写成资产,就像我可以填上汽车一样。但你我都知道,一件穿过的衬衫价值很低,二手车的价值也比新车的价值要低得多。

3. 资产净值的上升往往是由美元价值下跌引起的。房价的某种上涨因素就是美元价值的下跌。换句话说,房子的价值并没有上升。只是买同样的房子,现在需要花费更多美元而已,因为中央银行持续向银行系统投入"假钞",使经济运行维持下去,并使感觉良好的繁荣不致破灭。

政治家最大的恐惧

我用"感觉良好的繁荣"这个说法的原因是,政治家和政府官员最大的恐惧是民众感觉不好。纵观人类历史,当人民感觉不好时,就会推翻甚至处死他们的国王、王后及其他统治者。法国人民砍掉王后玛丽·安托瓦内特的头,俄国人民将俄国最后的沙皇以及他的妻子和孩子们统统处死。

旧资本主义建立在艰难的经济基础上。新资本主义则建立在感觉良好的经济基础之上。只要个人的资产净值上升,建立在负债而不是生产之上的繁荣就将继续。当你已经得到想得到的,谁还会有意见呢?只要世界经济允许美国政府和美国人借钱消费,全球经济的神话就将继续。如果美梦变成噩梦,感觉良好的经济泡沫爆裂,无数的头将再次落地。这次可能不是人头落地,而是政治上、专业上和金融上的"头脑"纷纷落地。

价值并不基于通货膨胀

我购置的1700万美元的公寓不是基于通货膨胀或建筑物的造价。虽然价格很重要,但是我并不指望某些不可思议的、看不见的市场状况会使房产的价格上涨。我既不指望资产净值上升而感觉良好,也不担心市场崩溃而感觉不好,所以市场的兴衰对我的影响并不大。

我购置的公寓的价值是基于我的租户支付的租金。换句话说,房产的实际价值是我的租户们认为这个房子值多少钱。如果租户认为该公寓每个月值500美金,那就是该公寓的价值。如果我能够提高公寓在租户眼里的认知价值,我——而不是市场——就提高了房产的价值。如果我不是认清房产价值增长的基础就提高租金,租户就会搬到沿街别的社区去。

租赁房地产的价值,如这个例子中我的公寓,是工作、薪水、人口分布、当地产业和住宅的供求关系等因素综合决定的。房地产市场暴跌时,租赁住宅的需求一般会增长,表现为租金也会上涨。如果租金上涨,租赁房产的价值可能就会上升,即使住宅的价值正在下跌。

在购置300套公寓时,我为什么不担心市场暴跌?有3个具体的原因。第一个原因是俄克拉荷马州塔尔萨市是新兴石油城市,有大量高收入的工作。石油产业需要工人,这些临时工人需要租房。第二个原因是挨着公寓的当地一所大学的学生正在成倍增加,但是校园的宿舍却没有相应增加,这就扩大了租赁公寓的需求。如多数人所知的那样,另一个婴儿潮即回声潮一代[①],现在刚入大学的有7300万人之多。他们中的多数人将是租户。第三个原因是现在贷款的固定利率很低。是低利率、支出更低和收入增加而不是市场波动,将提高房产价值。

[①]回声潮一代多为婴儿潮第一代的子女,包括1977年以后出生的婴儿。

这意味着300套公寓我可以控制，也可以利用杠杆作用。作为公寓的投资者，我的工作是将杠杆作用从1:4提高到可能的1:10——也就是说，通过运作，而不是通过市场，将房产的价值翻番。只要我能够控制，我就能够做到。

杠杆作用并不是冒险

许多理财顾问会告诉你，高收益意味着高风险。换句话说，杠杆作用是要冒风险的。这绝对是错误的。只有在人们投资他们不能控制的资产时，杠杆作用才是危险的。如果能很好地控制，运用杠杆作用就可以将风险控制得很低。大多数理财顾问认为高收益意味着高风险，只是因为他们兜售的投资项目很少是允许投资者控制的。

如上面提到的，我那1700万美元的公寓是运用杠杆作用的好投资，因为我能够控制其运作，而运作（也就是通过租金实现我的收入）决定着投资的价值。住宅房地产不是很好的投资项目，这时运用杠杆作用有危险，因为你不能控制住宅的价值。住宅的价值基于市场状况，以及出售它时货币的购买力。这些事情都是你不能控制的。

什么是控制

储蓄、股票、债券、共同基金和指数基金等纸资产，主要缺点是不可控制。因为你不能加以控制，运用杠杆作用就有困难和风险。因为我们很难控制这些纸资产，也就很难从银行借到钱来投资。那么，什么是控制呢？

以下图表显示了一个专业投资者和一家银行想要控制的 4 个主要方面。

损益表

收入
售价
租金

支出
运作成本

资产负债表

资产	负债
生意	债务
房地产	

作为一名企业家，我能够控制我生意的财务报表中的这 4 栏。作为一名房地产投资者，我也能够控制我投资的财务报表中的这 4 栏。

理财智慧是控制的关键所在

理财智慧是控制的关键所在。理财智慧可以提高控制的能力，财商则对理财智慧带来的财务收益加以衡量。以300套塔尔萨市的公寓举例来说。

收入栏。获得房产后的第一步就是提高租金。房产已经赢利了，与现有租金形成了现金流。换句话说，从那天起，我就开始赚钱了。虽然这样，但我的目标或商业计划是提高每套公寓的租金，通过下面的方法在今后3年内每月增加100美元收入：

- 根据市场条件，提高现在的租金。
- 在每个单元安装洗衣机和烘干机，额外收取租金。
- 对房屋进行改良与增建，如景观美化和重新粉刷。

所有这些事都可以用银行的钱而不是我的钱来完成。当我们向银行提交商业计划时，这些改良方案已包含其中，被考虑进总贷款数额中。今后3年中，300套每套增加100美元，整个项目的收入就提高了，每月增加3万美元，每年增加36万美元。这种收入的提高就是加以控制和发挥杠杆作用的有力例证。

如果这个计划成功，从现在起往后3年中，我的第四财商"撬起金钱的杠杆"将是无限的，因为提高这种收入不需要追加投资成本，只要学会管理资产（加以控制）并使其利润率越来越高就能实现。财商是可以无限提高的,因为收入的增加将通过投资者的控制和银行的贷款来实现。

支出栏。下一个可控制的目标是降低支出。这可以通过不同的方式来实现。一种具体的做法是降低劳动力成本和管理成本。因为我们拥有其他的房产,所以许多成本能够灵活地计入基础部门,有时称之为"后台支出"。包括会计、出纳、律师和行政人员的成本。能够削减的其他支出是保险费、房产税、水费、维修费和景观美化费,这些可以通过更好的成本管理和规模经济来实现。另外,通过保持低换手率,缩短再次租赁的时间,也可以降低支出,增加收入。例如,当租户告知管理公司不再续租时,立刻刊登出租广告。一旦之前的租户腾出房子,当天就请保洁人员清扫房子,当天晚上就可以带一个潜在的新租户去看房子。在大多数情况下,在旧租户搬走之前,房子已经再次租出去了。

显而易见,许多不称职的投资者不仅没有降低支出,反而增加了支出,使房产成为一笔坏投资——对于他们来说是这样。他们通常不能对优质租户和房产的吸引力进行有效管理,因为他们一直在尽力省钱。在大多数情况下,房产的价值下跌了。我们愿意购买那些管理不善的房产,因为我们有能力通过有效管理将其转为好投资。换句话说,我们从不称职的投资者那里赚大钱。

房产管理是控制的关键

如你所知,房产管理是提高房地产赢利能力的一个关键因素。

房产管理是施加控制的关键。和大多数投资者一样，我讨厌管理房产。那就是我选择肯·麦克尔罗伊——《房地产投资基础》的作者——做事业伙伴的原因。他的公司绝对是最好的。如果你愿意了解更多关于房产管理或如何通过管理提高房地产价值的信息，富爸爸公司有提供由我和肯·麦克尔罗伊撰写的几本书和音像制品供你参考，他的公司是美国西南部数一数二的房产管理公司。

控制 = 高风险

我之所以不碰大多数股票和共同基金原因之一是无法控制支出，特别是管理薪水、红利和费用。当我在报纸上看到一个管理水平不怎样的CEO薪水增加了不少，即使该公司的股价在下跌，我觉得很痛心。比如，世界上最大的建材销售商家得宝的CEO罗伯特·纳德利的年薪是3800万美元，另外还保证有300万美元红利。不幸的是，该公司业务进展得并不顺利，纳德利最终辞职了，但直到董事会同意支付给他2亿1000万美元，事情才算了结。

对我来说，这种代价极其昂贵。所以我不喜欢纸资产。大多数纸资产是MBA们在管理，他们想得更多的是个人的财源，而不是投资者的财务安全。顺便说一句，家得宝付出的行政补偿，尽管数额巨大，但并非特例。这是常规做法。

负债栏。我抵押 300 套公寓的利率只有 4.95%。低利率提高了整个房产的资产价值。通过追加利率为 6.5% 的二次抵押，我们创造了大约 5.5% 的混合利率（考虑到两次贷款的本金不同）。这种低利率是加以控制和发挥杠杆作用的重要方式。总额数百万美元的一个百分点就会对净利润产生很大的影响。

例如，1000 万美元抵押节省 1%，每年就有 10 万美元的额外收入。下面图表表明，减少负债和降低利率也是用好杠杆。

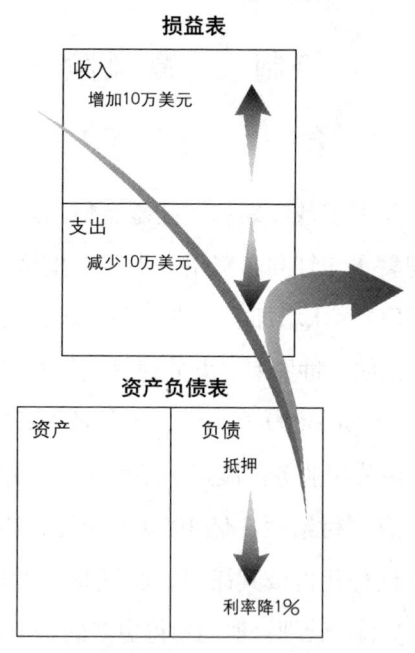

资产栏。通过增加租金、降低支出、减少负债或降低负债的利率，来提高房产的资产值。

在下面的图中,你可以看到,控制收入和把收入定向转移也是杠杆作用的一种形式,也是理财智慧的效用。

损益表

收入
收入增加是由于: 1. 提高租金   2. 减少支出   3. 降低抵押成本
支出

资产负债表

资产	负债
资产价值上升是由于: 1. 提高租金 2. 减少支出 3. 降低抵押成本	

咬苹果游戏[①]

今天,伴随着市场的兴衰,许多投资者看起来像是以前的人在狂欢时,咬漂在浴盆里的苹果一样。这看起来很有趣,但并不

[①]咬苹果游戏是西方万圣节前夜最流行的游戏。做游戏时,人们让苹果漂浮在装满水的盆里,然后让孩子们不用手拿而用嘴去咬苹果,谁先咬到,谁就是赢家。

是每天都想赚钱的我要做的。

我不是盯着股票和共同基金的价格在市场中上下波动,我想做的是,控制我的财务报表。利用理财智慧控制收入、支出、负债以及投资的最终价值,我可以控制我的财富命运。

储蓄、股票、债券、共同基金或指数基金的投资者,不能对财务报表中4栏中的任何一栏加以控制或发挥杠杆作用。

在继续前进之前稍作休息

继续讲述更高形式的杠杆作用和控制方式之前,在讲述更复杂的内容之前,我想扼要重述和复习一下目前提到的观点是很重要的,共有7点:

第一,杠杆作用有很多类型。大多数人熟悉的金融杠杆是债务杠杆,也叫做OPM,即利用他人的钱。还有其他类型的金融杠杆,比如应用于财务控制的理财智慧杠杆。实际上,这5种理财智慧,即增加收入、守住钱财免受不必要的损失、制订预算、发挥杠杆作用和运用信息,都是杠杆的形式。杠杆会使你的工作变得更容易。用铲车移动重物会更容易,同样,用更高财商来作出复杂的投资决定也比较容易。

第二,大多数投资者投资纸资产,但很少能控制。纸资产如储蓄、股票、债券、共同基金和指数基金,这些资产很少能让投资者进行控制,也很少能运用杠杆作用,投资回报率也低,这反映了投资者的财商低。财商低导致储蓄只带来5%的利息，而这5%的收益还要纳税，结果是当发生通货膨胀时，收益的价值几乎丧失殆尽。

第三，收益提高并不意味着风险也提高。理财顾问说高收益有高风险，就纸资产而言，他们是正确的。但若说是所有的资产，他们是错误的。

像投资做生意或房地产这样的资产需要更多的理财智慧，允许更多的财务控制，允许高度发挥杠杆作用，伴随这些投资的风险则很低。低风险的关键是要有更高的理财智慧。所以我建议大家做生意时从小做起，并保持小规模，因为这可以使理财智慧得到增长。随着理财智慧的增长，投资回报就会增多。如果理财智慧低，那么杠杆作用可能对财商构成打击，带来的投资收益有限。

第四，大多数理财顾问都不是投资者。理财顾问只是销售员。大多数理财顾问，包括许多房地产经纪人，只投资纸资产——如果他们投资的话。大多数人很少在职业上和财务上运用杠杆作用。在大多数情况下，他们的职业和财务杠杆比率是1∶1。1∶1意味着他们的收入只是工资，是他们的劳动所得——做一天工作，赚一天钱。

作为企业家，有成千上万名员工在帮我赚钱。作为投资者，如在塔尔萨市购置的那300套公寓的例子中，有300个租户在帮我支付投资成本，银行因我资产中的1美元就会借给我4美元，税务部门还会依法给我减免税收。这些是不同类型的杠杆作用的例子。

第五，财商教育提高理财智慧。大多数人投资诸如储蓄、股票、债券、共同基金和指数基金等纸资产，是因为他们不需要或不想加以控制。他们想要做的事是把钱交给投资顾问，希望他是一个称职的人。眼不见，心不烦。如果人们想要施加更多的控制，他们要控制的第一件事就是财商教育。财商教育可以提高理财智慧，并有望提高他们的财务控制和利用杠杆作用的能力。

第六，杠杆作用有两个方向。杠杆作用可以使你变得富有，也可以使你变得贫穷。这就是运用杠杆作用需要理财智慧和财务控制的原因。

就股票而言，操盘手可以运用购入权这一杠杆作用。如果认为市场正在好转，操盘手可能会应用看涨期权，即在约定时间段内以约定价格购买股票的权利。例如，如果今天的股价是 10 美元，操盘手觉得股价会上涨，可能就会花 1 美元购买看涨期权。如果操盘手是正确的，股价涨至 20 美元，操盘手就用 1 美元赚了 10 美元。如果认为市场走跌，操盘手可能会应用看跌期权或抛售股票。

换句话说，不管股价上涨或下跌，操盘手都有可能赚钱。然而，问题是操盘手不能控制资产，只能对交易的条件进行控制。因此，大多数出售共同基金和推荐多样化投资组合的理财顾问都会说，股票交易有风险——对那些缺乏相关教育和经验的股民更是如此。

学习市场交易，包括房地产交易，是投资者的财商教育中非常重要的一部分。房地产投资者也运用期权。房地产交易中的看涨期权被称为（分期付款中的）头期款。如果你炒房，房地产市场一旦下跌，对你来说可能是灾难性的。

而我的房地产投资大多基于租金和房产的管理成本,所以房地产市场的兴衰对我的投资影响并不大。尽管我偶尔也炒房,尤其是当有人愿意出价很高时,但通常我愿意购置房产来收租和带来其他收入。接着,我会寻找和购置另一处房产,并长期持有。

对于那些有兴趣了解在熊市和牛市中如何投资的人,可以玩我们的桌面游戏"现金流202",这是一个教你用虚拟金钱做交易的游戏。"现金流202"是"现金流101"的续集。在开始玩"现金流202"之前,我强烈建议你先从"现金流101"开始。

"现金流"俱乐部遍及世界各地,是为那些在买游戏前想学习玩游戏的人而设立的。对于想更多地运用杠杆作用的人来说,财商教育是十分必要的。

第七,当大多数理财顾问推荐多元化投资时,他们所推荐的投资并非真正的多元化。为什么这么说呢?有两个原因。第一个原因是理财顾问只对一种资产进行投资:纸资产。正如2007年8月9日、10日股市暴跌时所显现的那样,多元化投资并不能守住纸资产的价值。第二个原因是共同基金已经是多元化的投资组合,它是好股票和坏股票的大杂烩。当你买了几支共同基金,就如同服用了几样多种维生素复合剂。当你服用多样的多种维生素复合剂后,唯一上升的值就是你排泄的尿液中的维生素含量。

专业投资者不做多元化投资。正如巴菲特所言:"多元化投资是对无知的守住。如果你知道自己正在做什么,那么多元化投资并非必需。"

我的富爸爸说:"你在守住自己免受谁的无知之害呢?你的

无知,你的理财顾问的无知,还是你们的无知之和呢?"专业投资者不做多元化投资,而做两件事情。第一件事是只集中于大的投资项目。这既可以省钱,又可以提高收益。第二件事情是避险。避险是保险的另外一种说法。例如,银行要求我对那300套公寓投上各类保险。如果房产烧光了,保险公司会支付给我抵押款,并重建公寓。最好是用收来的租金来支付保险费。

我不喜欢共同基金的两个主要原因是:其一,银行不会借钱给我;其二,如果市场崩溃——并且是所有的市场都崩溃时,保险公司也不会接受我投保的巨额灾难险。

运用更多的杠杆作用

集中投资而非多元化投资是运用更复杂的杠杆作用、获得更高的收益和把风险降得更低的关键所在。集中投资需要更多的理财智慧。理财智慧首先是你知道自己投资什么。在金融世界里,投资者可以为两样东西而投资:资本利得和现金流。

1. 资本利得。 许多人认为投资有风险的另外一个原因是,他们为得到资本利得而投资。在大多数情况下,为资本利得而投资是一种赌博或一种投机。当一个人说"我购买了这支股票、共同基金或一处房产"时,他正在为获取资本利得而投资。例如,如果我已经花了1700万美元买了公寓,并希望能以2500万美元的价格卖出,那么我是在为资本利得而投资。正如你们中有些人已经知道的那样，在某些国家，为资本利得而投资意味着你要增加纳税。

2. **现金流**。为现金流而投资，相比而言风险要小很多。为现金流而投资就是为获得收入而投资。如果我把钱存入银行，获得5%的利息，我就在为现金流而投资。尽管获取利息没有什么风险，但储蓄的问题是收益太低，税又很高，而且美元在持续贬值。我买了300套公寓，就是在为现金流而投资。不同的是，我用的是银行的钱，可以获取较高的投资收益，纳较少的税。这是杠杆作用的高级运用。

你正在投资什么

大多数理财顾问会建议，你年轻时应该投资成长型基金。为成长投资就是为资本利得而投资。他们建议年纪较大的投资者将成长型基金转为收益型基金或养老金。换句话说，当你年老时，应该为现金流投资。他们相信现金流风险较小，更有保障性。

3种类型的投资者

根据资本利得或现金流，可以区分出3种基本类型的投资者，分别是：

1. **仅为获得资本利得而投资的投资者**。在股票世界中，这些人被称为"操盘手"，在房地产市场中，他们被称为"炒房者"。他们的投资目标一般是低价买进、高价卖出。

你从现金流象限可以看出，操盘手和炒房者实际上处在 S 象限，而不是 I 象限。他们被看做专业的操盘手，而不是投资者。因此，在美国，操盘手和炒房者是 S 象限中纳税比例较高的人，并且不能享受 I 象限减免税收的待遇。

2. 仅为获得现金流而投资的投资者。许多投资者喜欢储蓄或投资债券，因为它们会带来稳定的收入。有些投资者喜欢投资政府债券，因为这种收益是免税的。例如，如果一个投资者购买了免税的政府债券，获得 7% 的净收益，实际投资回报和获得税前 9% 利息的收益是一样的。

在房地产行业，许多投资者喜欢三方净租赁①。通过三方净租赁获得收益，而不需要纳税，支付维修费和保险费。租户承担这些费用。在许多方面，三方净租赁就如同市政债券，因为很多收入免税或可以延后纳税。

正如你所想的，我也喜欢三方净租赁，但问题是很难找到好的房产，和愿意支付高租金的优质租户。我在写本书时，多数三方净租赁房产的收益仅有 5% ~ 6%。并不太令人兴奋。好消息是，如果我钻研得更深一些——这一点随后会谈到——我也许能找到有较高收益的房产，可以一直运用更多的杠杆作用，用我银行中的资产来降低风险，这就是我更喜欢三方净租赁的原因。下面我们来谈谈第三种类型的投资者。

---

① 净租赁指不附带任何技术服务的租赁。

3. 既想获得资本利得，又想获得现金流而投资的投资者。很多年前，资深的股票投资者既为获得资本利得，又为获得现金流而投资。他们也谈论股票价格的上涨，也为投资者支付红利。但那是在旧经济时代、在旧资本主义条件下。

在新的资本主义制度下，许多纸资产的投资者寻求快速致富之道，想赚到大笔的钱。今天，大房地产投资者正在雇用大学毕业的最聪明的神童，运用巨型电子计算机设计计算机模型来寻求能够开发利用的最小市场模式。如果计算机能够识别1%的股票异动，例如高科技股，投资公司将投入数百万美元，希望在1小时内获得数百万美元1%的收益。这是杠杆作用越强、风险越大的原因。

这些计算机模型也导致市场出现更多的反复和经常性的暴跌。当股市宣布停牌，说明这些电脑程序正在停止。如果电脑说"抛售"，市场就会暴跌。如果电脑说"买进"，市场就会繁荣，然后再暴跌。换句话说，股价上涨或下跌，根本没有什么基础和商业原因可究。股票价格可能和公司的价值毫无关系，因为计算机创造了虚拟的供给和需求。你可以回想一下网络公司时代，公司不再是过去的公司，而只是好点子，是价值数十亿的想法，当网络公司繁荣的泡沫破裂后，真正有价值的公司的股票将一文不值。

作为在新资本主义时代的资深投资者，我必须非常聪明，要为获得资本利得和现金流、发挥债务杠杆的效应、得到税收优惠而投资，还不能受制于神童和巨型电子计算机造成的市场混乱。

举个例子，最近我买了一只股票，但我不能控制它，因为那是一家令人讨厌的老式工业公司，以前一般能获得11%的稳定收益。最近市场暴跌中,它的股票价格下跌了,我买进了股票,因为现金流的价格变得更便宜了。我偶尔也买纸资产,但我是为了获得现金流而购买的。当我还是个小男孩而无法控制公司时,我不会运用杠杆作用。我只为获得现金流和资本利得,只用现金来投资。当我收获现金流和资本利得时,我的投资回报上升了。

要成为一名好的房地产投资者,有3个要素必须具备:

1. **好的伙伴**。如唐纳德·特朗普所言:"和坏伙伴在一起,你成不了好事。"并不是说坏伙伴就是坏人,只是对你来说是差的或不合适的伙伴。在运作那个300套公寓的项目时,我必须确定拥有好的伙伴。我的伙伴是我的妻子金、肯和罗斯。我们一起做了很多事情,一起赚了很多钱。我们也遇到过许多问题,我们通过解决问题变得更聪明,成了更好的伙伴。

2. **好的财务能力**。房地产投资成功的要诀在于财务能力。许多人说:"位置,位置,位置。"我说:"财务,财务,财务。"如果你确实拥有优秀的财务能力,交易就会成功。如果你的财务能力欠佳,交易就不会成功。为了说明这一点,我举个例子,如果卖家说:"我以前花了1700万买了公寓小区,现在要卖3500万。"如果他同意我在30年内每个月还1美元,借大额尾付贷款[①]3500

[①] 大额尾付贷款是一种比较特殊的贷款,它的贷款期限一般限制在短期(如3~7年),但它的每期付款金额却是按照长期贷款(如10~15年)来计算的。这种计算一方面会降低每期的还款金额,但另一方面会在贷款期限结束时,积累一笔很大的金额要最后结清。

万美元，在贷款期限结束时付清 3500 万美元，我会满足他的要价，与他成交。每月 1 美元，还 30 年，我就能为 1700 万美元的房产支付 3500 万美元。正如金融界人士常说的："只要你满足我的期限，我就同意你的要价。"

我知道，你们中有些人会认为 3 500 万美元这个例子是极其荒谬的。事实并非如此。在金融世界中，支付高得离谱的价格是很正常的。这只是卖家和买家之间的事情，他们用自己的身份作担保，通过融资来达到他们的目标。

例如，几年前，挨着我办公室的一处房产要出售。当我向经纪人问它的价格时，他说 200 万美元。我笑了笑，说他开玩笑，然后离开了。我想，这处房产最多值 75 万美元。今天，一家大的连锁酒店将该处房产变成了它的旗舰店。我不知道今天这处房产具体值多少钱，但肯定超过 200 万美元。正如我的朋友肯·麦克尔罗伊所说的："计划得更好的人会赢。"又如唐纳德·特朗普所言："心有多大，舞台就有多大。"每次当我开车路过那家酒店时，我就对自己说："心再大些，舞台就会更大些。"

3. **好的管理**。我对那价值 1700 万美元的 300 套公寓有信心，原因之一是我有好的伙伴。肯拥有一家物业管理公司，还和他的伙伴罗斯一起拥有一家房地产开发公司。在下文中，我将进一步解释物业管理和开发在提高租金、降低支出和提高资产价值等方面如何发挥重要作用。

如果我的合作伙伴不好、财务混乱、管理不力，那么 300 套公寓的交易将会是场财务灾难。如果只有我自己一个人，我是不会投资的。因为这个项目太庞大、太复杂。

能够控制这3个要素——好的伙伴、好的财务和好的管理，我就更愿意把债务当做杠杆来使用。在不能控制的情况下，我可能不会用债务来融资。如果风险太高也不行，如炒股和投机商品期货，我只喜欢用我能赔得起的钱来投资。

风险较低，收益较高

下面我将进一步解释我对投资的信心（感谢我的伙伴对300套公寓项目的控制）、为什么我愿意频频运用杠杆作用、为什么我认为风险很低、我如何赚到更多的钱，以及我如何缴纳较少的税。这里我将介绍3个更高级的投资策略，这些策略需要更高水平的理财智慧。它们分别是 OPM、ROI 和 IRR。

1.OPM：**其他人的钱**（Other People's Money）。使用 OPM 有很多方法。在那 300 套公寓的项目中，我使用了 80% 的杠杆作用。首先，用银行的钱的好处是免税。银行的钱还有其他好处：

	我	银行
1.增值	100%	0%
2.收入	100%	0%
3.税收优惠	100%	0%
4.分期偿还	100%	0%

从这些数字你可以看出，银行投资 80% 的钱，但我收获 100% 的利润。银行是多么好的伙伴。

2.ROI：**投资回报**（Return On Investment）。许多投资者不明白的一个概念是他们的钱带来回报，或投资回报。当你读那些理财读物时，上面声称许多共同基金的价值已经上升了 10%。我的问题是，那 10% 全是给投资者的回报吗？是如何计算出 10% 的呢？有些基金通过基金上涨时股份的价格来算出 10%。例如，如果一年前基金的价格是 10 美元，今天是 11 美元，他们就说已有 10% 的回报。在这种情况下，投资回报应该以资本利得来计算。

当一个投资者既为获得资本利得，又为获得现金流而投资时，我只计算现金流的回报。例如，如果我每年投资 10 美元，税后我可以获得 1 美元现金，那么我的回报就是 10%。我不计算资产增值是因为资产增值只是估计，除非我卖掉资产，否则是无法兑现的。

衡量投资回报的一个尺度是股票价格，另一个尺度是钱包里的现金。我想二者兼得——资产增值的 10% 和钱包里 10% 现金。当我持有资产时，只有现金流的回报是能够明确计算出来的。

用自己的钱来补足401（k）资金

另一个让人困惑的观点是理财顾问们声称公司会为你补足退休基金。如果实打实地达到一定比例，理财顾问或许就说这是百分之百的投资回报。我却不这样看。我的看法是公司只是在拿我的钱来产生更多我的钱。换句话说，公司留下的和付出的都是我的钱。这本是公司无论如何都应该付给我的，是我工作全部报酬的一部分，是公司的一项支出。

我谈到发挥回报的杠杆作用时，说的是利用其他人的钱——而不是利用我自己的钱。

更多杠杆作用，更高回报

杠杆作用如此重要的原因是，杠杆作用越大，回报越高。例如，如果我用自己的钱购买了价值10万美元的租赁单元，我一年的净收入为1万美元，那么我的现金的现金回报率[①]是10%。如果其中有5万美元是我借的，我仍然一年收入1万美元，这时我的现金的现金回报率是20%。如果10万美元都是我筹借而来的，而且每年仍然能有1万美元的回报，那么我的回报就是无限的。所谓无限的回报是指无需支出便有收入。1万美元流进我的钱包，而什么都没有出去。租户承担了成本，而我得到了收入。

无需支出便有收入

接下来，我将再次用300套公寓的例子来解释如何运用杠杆作用来获得无限的回报。方法就是通过提高租金和在每个单元都安装洗衣机和烘干机。下页表中的数字一目了然。

[①]现金的现金回报率一般指用于房地产交易的回报率，可以表现出现金投资的现金收入。计算方式是：现金的现金回报率=年度现金收入/总现金投资。

损益表

收入
提高50美元租金 安装洗衣机和烘干机 从而增加50美元的租金
支出
每月支付10美元作为洗衣机 和烘干机的维护费用

资产负债表

资产	负债
	购买洗衣机和 烘干机以及维 修房屋的债务

每月净增加的 100 美元租金是为了应对竞争、改善房屋外观和为每个单元安装洗衣机和烘干机带来的。

每月增加 100 美元收入等于 100% 的融资交易。我们从银行得到额外的钱对房子进行修缮。我们可以对其加以控制。增加的债务要远低于增加的收入。这额外的 100 美元收入在技术上是无限的回报，因为所有的支出都由银行来埋单，而所有的回报都归我所有。

每套公寓每个月增加 100 美元，一共有 300 套公寓，就是一个月 3 万美元、一年 36 万美元的毛利增长，而且这是在我们已经得到的现金流之外的。这每年 36 万美元就是无限回报，通过我们手中的现金流来计算，并非假想的纸资产资本利得。

总的来说，银行投资对我们的房产进行改善，而我们的收入得到了提高。支出和抵押利息则由租户来承担。

3.IRR：**内部收益率**（Internal Rate of Return）。更复杂、更经常使投资者感到迷惑的一种衡量方式是内部收益率。如果投资者真的知道自己要做什么，就可以通过内部收益率来提高投资回报。我用下面这个图表尽可能简单地解释如何运用内部收益率来衡量真正的投资回报。

损益表

收入
被动收入

支出
折旧

资产负债表

资产	负债
增值	分期偿还

内部收益率就是衡量一个受到很好控制很好的投资的另一种回报和杠杆。

1. **收入栏：被动收入**。大多数人把租金总额理解为收入栏的一部分。内部收益率也可以衡量被动收入。被动收入的税率比劳动所得低。在美国，被动收入不取决于社会保险或自主经营的税金。换句话说，这些税并不作为支出显示在支出栏里，支出在技术上是收入的增加。

2. **支出栏：折旧**。在美国，税务局给一些投资者另外的收入，实际上看起来像是支出。这种收入被称为"折旧"。折旧的另外一个名称是"虚幻收入"。之所以被称为虚幻收入，是因为它是由其他途径获得的收入。假如我的应纳税额是1000美元。内部收益率允许我可以给我的投资折旧200美元，我只需要支付800美元的税金。200美元就是虚幻收入，或者说是我不必支付的钱。这200美元仍然在我的口袋里，而没有交给政府。

冰箱、吊扇、地毯、家具和其他东西也有折旧问题，随着使用时间的延长，它们的价值会有所下降。如果你拥有一家企业或一处房地产，会计会向你解释这个。而对于纸资产投资者，没有所谓的折旧。

3. **负债栏：分期偿还**。对投资者来说，另一种形式的收入被称为分期偿还，那是在预定的基础上支付债务的好听字眼。当你的债务是良性时，其他人如租户帮你偿还，分期偿还就变成了收入。换句话说，当租户用现金支付房租，这种付款在技术上是我的收入，这种收入用来减少我的债务，只要我把现金放进口袋里，就可以为下一个更大的投资机会做准备。另外，尽管租户在为我偿还债务，我仍然可以享受与我的投资相关的税收减免。

4. **资产栏：增值**。增值即资产价值的上升，这也是你的收入。增值并不是建立在一些房地产估价者所说的地区比较销售价格升高的前提下。我是通过收入栏中实际增加的收入来衡量增值的。例如，那300套公寓带来的收入中，增加了36万美元，这是可以计算出来的。

这并不是确定内部收益率的精确方法，但是它可以帮你了解有些投资者如何使投资回报远远高于其他大多数投资者从纸资产中获得的投资回报。现在至少你可以了解内部收益率这个概念。我猜想95%的投资者从来没有听说过内部收益率，所以你现在比他们更聪明、更敏锐。

资金回收策略

300套公寓的资金回收策略的诱人之处在于，我可以再次运用杠杆作用变得更富有。我们不卖掉房产，不用面对由利润带来的巨额资本收益税，而是通过重新募集资金来拿回我们投入的钱。我们能这样做，是因为我们已经通过装修和管理使房产的价值提高。银行承认这种价值提升，我们就可以据此再次向银行贷款。通过运用房产价值的杠杆作用，我们从房产中拿回我们投资的钱，而且是免税的，经我们改善后的运作带来较高的收入，足以进行更高比例的抵押贷款。通过借钱而不是出售房产，我们用免税的方式把我们的前期投入拿了回来，而且继续持有房产。这样看来，房产的收入就是一种无限的回报，因为我们在这笔交易中并没有投入钱，却获得收益。这是最高级的杠杆作用。

比如，5年后我们可以再次为该房产融资，获得免税的400万美元。请看下面图表中的数字。

损益表

收入
增加的36万美元收入
免税的400万美元收入

支出
按7%的利率，
增加的28万美元利息

资产负债表

资产	负债
公寓	另外的400万美元债务

筹集的400万美元到了我们手中，用来偿还全部起始的资产净值以及一些其他费用。更好的情况是，我们仍然继续拥有300

套公寓,用每年增加的 36 万美元收入来支付每年增加的 28 万美元抵押利息。

租金收入增加了 36 万美元,减去增加的 28 万美元的利息支出,剩下了净被动收入 8 万美元。这 8 万美元是无限的回报,因为我们已经收回了最初的投资,而仍然能获得现金流。这是净赚的钱。我们得到 400 万美元的投资回报,就可以继续购买下一处公寓。

这个例子中应用了控制和杠杆作用。这是遵循新资本主义规则致富的例子,利用债务而变得富有。我们不像沿用旧资本主义规则的人那样努力工作来偿还债务,而是努力寻找能得到更多良性债务和更好运用杠杆作用的方法。

从零开始

对于有些人来说,价值 1700 万美元的 300 套公寓听起来像是一笔很大的投资。而对于另一些人而言,只是一笔小投资。10 年前,买 300 套公寓对于我和金来说是很大的投资。从现在开始再过 10 年,我敢肯定它只是一笔很小的投资。金、肯和我已经在计划接下更大的项目。唐纳德·特朗普和我在考察离我家不远的一个大项目,一个 10 年后我们将破土动工的项目。

我会用项目的规模和美元数目来讲清以下 3 点:

1. 生来贫穷和未接受过财商教育,并不意味着你不能变得富有。很少有人天生富有,可以买得起 1700 万美元的公寓。也没有人天生聪明,可以自己并购、融资和管理300套公寓。换句话说,没有钱或缺少财商教育并不能成为你不投资的借口。然而,有数十亿人因没钱和没有接受过足够教育而止步,不能变得富有。他们不能迈出第一步。即使迈出了第一步,但失败了、犯错误了、亏钱了或遇到了麻烦,他们就退出了。所以对于数十亿人来说,1700万美元的项目总是很大,是一个比他们的梦想大很多的项目。

2. **从小事做起并小心谨慎**。1989年,金的第一项投资用4.5万美元购入位于俄勒冈州波特兰市两室一卫的住宅。她投入了5000美元,每个月赚25美元。迈出第一步时,她非常紧张。今天,对于1700万美元的公寓,她都觉得不耐烦。她正准备挑战更大的项目。

1997年,肯·麦克尔罗伊从投资亚利桑那州斯科特市两室两卫的分户出售公寓大厦开始创业。房子值11.5万美元,他投入了2.3万美元,每个月可以赚50美元现金。今天,他能够控制价值数百万美元的房地产投资组合。

1973年,我初次投资购买了一处房产。我没有多余的钱用于其他投资。我还在海军陆战队,而且刚刚购置了第一套自住房。收入低和缺钱没能阻止我,我花了385美元参加了房地产投资课程。在几个月里,我初次投资购置一处房产——用1.8万美元购入毛伊岛一居室分户出售公寓。房产是被没收而来的,银行急于脱手,同意我用信用卡支付2000美元的首付。在支付了抵押贷款和信用卡账单后,我从这处房产每个月赚到了约35美元,那是无限的回报,因为那些投资全是我借来的。只要向银行证明我有能力管理房产,银行就让我再买了两套公寓。我的投资生涯从此开始。

大约一年后,我以每处房产约 4.8 万美元的价格出售,差不多赚了 9 万美元。对 385 美元的房地产投资课程费用和以信用卡支付首付来说,这个收益还是不错的。

虽然我这样做了,但我并不建议用信用卡来支付首付。不过,我确实建议投资者在投资前要多读书和参加研讨会。富爸爸公司开办大量的投资研讨会,原因之一就是我坚信思想的力量。我们的思想是运用杠杆作用的最重要工具。

我们研讨会的讲师都很优秀。我必须承认这些老师比我更优秀。他们能够进行更集中和更彻底地传授知识。他们受过很好的训练,致力于帮助你成功,更重要的是,他们把教给你的东西用到了实践中。大多数学员反映说我们的课程使他们敞开心扉,去面对充满机遇的新世界,并提供获得财务自由的多种方法,彻底改变了他们的生活。

3. **敢于梦想**。大多数人都认为必须让孩子勇于梦想。成年人也是一样。我们夫妻俩都有宏伟的梦想。我们的梦想是让我们的婚姻生活保持富有、年轻和快乐。我们一起学习,一起运作更大的投资项目;我们一起成长,而不是彼此分离。我们不过量入为出的生活,我们敢于梦想、勤于学习并谨慎投资以增加我们的财富。这不仅仅关乎钱——而是关乎生活。就个人而言,我和金都认为,不能实现梦想的生活就是一出悲剧。

小结

2007年8月9日、10日，当全世界的股市暴跌时，许多人一点儿也不知道暴跌意味着什么。大多数人根本不知道这会影响自己的生活。许多人也不知道1971年和1974年金钱规则的改变如何影响了他们的生活。

如今，即使是在世界上最富有的国家——美国，数百万人受过教育、辛勤工作，赚的钱越来越少，即使薪水涨了，但储蓄的金钱正在贬值，住宅价值也日益下跌，他们仍苦苦挣扎，并且仍用信用卡支付账单。

更糟糕的是，因为股市暴跌，数百万受过教育、辛勤工作的人认为投资是有风险的，获得更高的回报就意味着必须承担更高的风险。只有少数人知道杠杆作用的关键在于控制，而控制的关键在于理财智慧。

好消息是，如果理财智慧越高，即使没有一分钱，你能赚的钱也越多。在新资本主义规则中，不投入一分钱就赚到钱确实是可能的。在信息时代，知识是最终的杠杆。不用投入钱，你赚的钱越多，投资回报和内部收益率就越高，你的财商也就越高。

财商是理财智慧的衡量尺度，所以无限的回报就意味着无限的理财智慧，无限的财商。下次，当银行和理财顾问告诉你储蓄可以得到5%的利息或购买共同基金可以得到10%的回报已经很好时，请将这些事实告诉他们。

第七章
第五财商：改善你的财务信息

INCREASE YOUR
FINANCIAL
IQ

1972年1月，我从加州的潘德顿营地调到越南海岸的航空母舰上工作。这是我的第二次越南之旅。我第一次去越南是在1966年。当时美国商船学院派学生到越南进行为期一年的学习。我的专业是研究战区军用物资的运送——更明确地说，是研究如何安全装载和卸载炸弹，而不会炸死自己。第二次越南之旅是作为战斗机飞行员而去的，与我第一次的经历完全不一样，因为第一次是作为一个学生为研究战争而去的。

　　在航空母舰甲板上，我的主要工作是担任武装直升机的飞行员。我的主要使命是掩护更大的军用直升机。我们的空军中队由多架军用运输直升机组成——双旋翼式直升机CH-46和CH-53s，也叫做"愉快的绿巨人"。如果战区的敌方火力很猛，武装直升机就要守住军用运输直升机。就个人而言，我很高兴做一名武装直升机飞行员，这比做军用运输直升机的飞行员要好得多。运输直升机飞行员必须非常勇敢。他们驾驶着大直升机到战区，随时停在那里让军队上下。

绝密工作

我在空军的第二份工作是做空军中队绝密情报专员助理。这个工作非常有趣。一连几个小时,我们坐着、听着、观察着、收集和处理绝密情报。无论在白天还是夜里,我们都要定时送简报给指挥官和他的军队。我们的工作就是收集战争原始数据,然后将这些数据转变成相关信息。

生死攸关的信息

作为一名情报员,我非常看重信息。在参加越南战争之前,我从来没有多想过这个问题。在学校时,我认为信息研究只是玩玩而已。对我来说,信息只是为了通过考试而死记硬背的数据、无需思考的事实和图片、日期和时间。而在越南战场上,信息是非常重要的。对于我那些飞行员战友们来说,信息意味着要么生,要么死。

如今,我想我之所以能成为一个成功的企业家和投资者,正是因为我曾经做过情报员。现在我知道,信息在战场上意味着生或死,而在生意场上则意味着富有或贫穷。

信息比生命更重要

在准备去越南的过程中,我们接受训练来处理大量的信息,还要在十分紧急的情况下快速作出决定。如果做好信息处理工作,我们就能活下来。如果做不好，我们就有生命的危险。我意识到我和其他人的生命取决于我接收到的信息的质量时，信息就变得比我的生命还要重要。

在之前的一本书中，我写了到达越南战场第一天的经历。我描述了当时感受到的恐惧，我也体会到那个向我开火的家伙和我一样渴望回家。在本书中，我要讲我们机组组长的智慧之语，他提醒我，在战争中没有第二，没有银牌。要么是金牌，要么什么都没有了。看着真的子弹向我们呼啸而来，我意识到学校的安宁时光正式结束了。当我们飞向可能到来的死亡，多年的训练和信息化成一个决定、一次行动。好在我和全体机组人员在那天晚上都回到了营地。但不幸的是，那片土地上的越南人没能回去。因为在战场上没有第二。

最重要的资产

我的一个朋友是研究《圣经》的学者，他经常说："没有知识，人民就将毁灭。"今天许多人正艰难度日，因为他们缺乏关于金钱的知识。我们生活在信息时代。甚至在世界上最偏远的地区，我也看到当地的年轻人一边发着短信，一边驾着自家的驴车。整个世界从来没有像现在这样可以进行如此快速的沟通。

信息是这个时代独一无二的、最伟大的资产。在过去，你因拥有工厂、农场、金矿、油井或摩天大楼而成为富人。在信息时代，单是信息就可以使你变得很富有。你不需要诸如土地、黄金或石油这样的有形资源。创立 MySpace[①]和 YouTube[②]的年轻企业家已经证明了这一点。仅凭不多的美元、一些信息和技术作为杠杆，这些20多岁的年轻人已经成为了百万富翁。

同样地，信息贫乏或错误的信息是负债。信息贫乏造成了贫穷的人。之所以有这么多人在经济上步履艰难，其中一个原因就是，他们用陈旧的、带有偏见的、误导性的或错误的信息驱动他们最有力量的资产——他们的大脑。许多人仍在挣扎，因为尽管他们身处信息时代，却仍用着工业时代或农耕时代的信息。工业时代的信息比如这样的想法："我要接受好的教育，以便得到一份高薪工作。"而农耕时代的信息比如这样的想法："土地是所有财富的根本。"

人类的4个时代

人类经历了 4 个经济时代：

1. **石器时代。**在石器时代，大自然提供财富。部落跟随兽群迁移或者觅食。如果你知道如何狩猎、如何采集野果，你就能生存下来。如果你不知道，你就会死去。部落就是社会保障。从社会经济学的角度看，每个人都是平等的。部落酋长的生活水平不比其他人高。酋长可能会先于别人享用食物、可能会有更多的女

[①] "我的空间"，为美国在线社交网站名称。
[②] 一个互联网视频共享网站。

人,但是从根本上看,火仍是火,洞穴仍是洞穴。从金钱的角度来说,石器时代只有一个阶级。每个人都是穷人。

2. **农耕时代**。人类学会了如何播种农作物和驯养动物,土地就变成了财富。国王和王后拥有土地,其他人都在土地上劳作,向皇室纳税。这就是为什么对于"不动产"①更严格地说是皇室的财产之意。有了驯养的动物,皇室骑马,农夫走路。因此由"农民"这个词派生出了许多含义为"在地上和走路"的词。农民一无所有。从社会经济学的角度看,农耕社会由两个群体组成:富人和农民。

3. **工业时代**。1492年,克里斯多佛·哥伦布和其他的探险家致力于寻找贸易路线、土地和资源。在我看来,那是工业时代的真正开始。在工业时代,诸如石油、铜矿、锡矿和橡胶这样的资源是财富。在那个时代,不动产的价值在发生改变。在工业时代,非农业的土地变得更有价值。例如,亨利·福特在底特律建立了汽车公司,因为他能用很好的价格购买崎岖不平的、贫瘠的、非农业的广阔土地。今天,工业用地比农业用地更有价值。从社会经济学的角度看,一个新的阶级即中产阶级出现了。这个时期社会有3个阶级:富人、中产阶级和穷人。

4. **信息时代**。这个时代伴随着数字化计算机的发明而正式开始。在信息时代,信息经由技术的杠杆作用后就是财富,非常廉

---

① "不动产"在英语中是real estate,其中real源于西班牙语,是"皇室的"的意思。

价而又丰富的资源产生了财富，例如硅。换句话说，致富的成本已经降低。有史以来第一次，对于这世界上的每个人来说，不管在什么地方，财富都是可利用的、可获得的，而且是大量的。从社会经济学的角度看，现在有4种人：穷人、中产阶级、富人和超级大富翁。比尔·盖茨就是信息时代超级大富翁的一个典范。

超级大富翁

如今，超级大富翁的财富可以来自任何时代。你可以成为一个超级大富翁，像新西兰岛毛利人一样狩猎和采集，因获得捕鱼权而致富。你也可以成为一个超级大富翁，来自农耕时代的牧场主或农夫；你也可以成为一个超级大富翁，作为来自工业时代的汽车制造商。如前面已经提到的，在信息时代，有20多岁的亿万富翁，年轻人正用廉价而丰富的技术资源、信息和创意成为超级大富翁。所有这些条件中的一个共同点就是，要能够以更快、更高的水平协调资源信息。正是这种协调能力造就了超级大富翁。

差距

与此同时，有些人正因为信息陈旧或不充分而挣扎在生死边缘。一些土著部落由于森林被砍伐，正在遭遇灭顶之灾。农场主破产，汽车制造商解雇数千名工人，一度繁荣的音像制品连锁店也被可以自由下载的音乐网站挤垮。

在美国——这个世界上最富有的国家，数百万的人负债累累，抓住工作保障这根最后的救命稻草，他们正怀疑自己是否负担得起孩子们的教育费用和自己的退休生活。在如此富有的国家里数百万人艰难挣扎着，因为他们仍按照石器时代、农耕时代或工业时代的想法来生存。

超级大富翁和普通人之间的差距日益拉大，这是由信息造成的。好在信息是既丰富又免费的。现在，任何一个人，包括非常穷困或非常年轻的人，几乎不用花什么钱就可以从一无所有一跃成为超级大富翁，这相当容易。今天，要想变得富有，你无需做一名征服者，航行到异国土地上，掠夺当地人的资源。你也无需通过股票市场筹集数百万美元来建造汽车工厂或雇用数千名工人。你只要坐在家中，利用信息和一台非常便宜的电脑，就可以实现由贫穷到超级富有的转变。所有这一切所要的只是正确的信息。

信息超载

好消息是信息既丰富又免费。坏消息也一样——信息既丰富又免费。信息时代最具讽刺意味的是信息太多。今天，人们抱怨信息超载。在任何一段时间，我们都能看电视、上网冲浪和打电话——甚至开车驶过电子广告牌时仍然可以做。在过去，没有人抱怨土地太多或石油太多。然而在信息时代，人们抱怨信息太多和信息超载，而正是信息这种资产，可以使他们变成超级大富翁。

军事情报

在越南,我学到了重视信息的力量。我对情报杀人的力量和挽救生命的力量变得非常敏感。用军事情报杀人对我来说不再有意义。今天,我更愿意利用信息来挽救生命,而不是夺走生命。

作为一名情报员,我也面临着信息超载的问题。在战争中,我们必须处理的信息量是非常大的。我们必须非常快地学会对各式各样的海量信息进行分类、分级、省略和处理。如果我们做不到,我们或其他人就会死。

信息分级

为了处理信息超载的问题,军队在情报分级上做了大量的工作。不进行分类,所有的信息都一样,事实上就没有价值。作为越南战争中的一名情报员,我根据一套特征来分析信息。

1. **时间**。无论在战场上还是生意场上,此时此刻有用的信息,下一分钟可能就会过时。战争是动态的,总是在变化。敌军今天在这个地方,明天可能就在 300 千米以外的地方。商业和投资也是如此。在商业领域,今天一个珍贵无比的商业优势,明天可能就变得一文不值。

2. **可信性**。我们必须知道信息来自哪里。我们的信息来源可信或可靠吗？不幸的是，在金钱世界中，大多数人是从他们一起工作的同事中或销售人员那里获得财务信息的，而这些人也在为金钱而挣扎。他们可能是善良诚实的人，但他们不是财务信息可信或可靠的来源。

3. 分级。在军队中，我学会将信息分成不同的等级。例如，绝密信息仅供那些有绝密级权限的人使用。

在商业和投资领域，绝密或机密信息被称为"内部信息"。当普通投资者听到内部信息时，他会想那是非法信息……有时候的确是。如果从一些上市公司内部人士手中得到信息，并借助这些信息来买卖那家公司的股票时，这里的内部信息就是非法的。

实际上，所有的信息都是内部信息。有个问题更重要：你离内部有多远？如果在公司内部或离内部比较近的人听到一个绝密消息，说新产品或者整个公司有麻烦，他们就会做好相应交易的准备。这时这些人已经在投资之战中取得胜利，而普通投资者还没开始就已经失利了。

我再说清楚一点，我并不是鼓励或谅解非法的内部信息交易。我想说的是在内部和接近内部的重要性。我喜欢成为企业家和房地产投资者，其中一个原因是我是一个合法的内部人士，可以根据内部信息进行交易。而因为我不在上市公司，所以我还可以随便告诉我的朋友我所知道的事情以及我是如何投资的。

在股票市场，专业人员知道业余爱好者根据过时信息进行交易。这就是专业人士赚钱的秘诀，他们从业余爱好者那儿赚钱。例如，某先生是一个投资者，他早晨起床后，边喝咖啡边看报纸，看到一条新闻是关于他喜欢的上市公司的。然后他打电话给他的经纪人或上网进行交易。虽然这个信息可能只是几个小时以前刚刚发布的，但是这位先生已经处于不利的地位。他之所以在信息的"宴会"上迟到了，是因为从来没有人邀请过他。他不在内部。他是局外人。

富爸爸鼓励我发展理财智慧，主要原因之一就是，这样一来我就有权使用内部信息。离内部信息越近，你就会变得越富有。

4. **相关信息**。战场信息每天都在发生变化，作为情报员，我们能够通过解释过去和现在的信息来预测未来的信息。例如，如果我们知道敌军星期二在某个阵地、星期三在另一个阵地、星期四又在另外一个地方，我们就可以推测他们将会出现在什么地方，以及他们的目标可能是什么。换句话说，我们必须知道信息之间是如何相关联的。

在生意场和投资界，收集过去的、现在的和未来的信息被称为"预测趋势"。

5. **欺骗性的信息**。在战争中，敌人经常通过发送欺骗性的信息来误导我们。为此，他们有时采用转移我们注意力的策略。例如，他们要大规模转移军队和装备，就故意制造大声的噪音和大量的尘土，只是为了不让我们注意到他们的真正动机和目标；或者，他们让我们俘虏他们的士兵，这些人会提供错误的信息；或者，他们派出一个间谍——一个我们以为站在我们这边的人——为我们提供不准确的信息。

拉高出货

商界和投资界充斥着欺骗性的信息,企业家和投资者必须时刻警惕和提防这类信息。例如,理财专家会告诉你要这样做,但他们自己却那样做。某人可能上电视说他看好股市要上扬,而且正在买进。这些信息促使其他人买入股票,抬高股价。一旦股票价格上涨,那些荐股的人趁机抛售,赚了一大笔钱。这就是众所周知的"拉高出货"。

戏法

另外一种欺骗手段被称为"戏法",这是用魔术戏法来命名。当魔术师戴上高高的帽子时,你的眼球被吸引到他的帽子上,你不会注意他背后那只手正在干什么。

在商界,消费者常常也被同样的方式欺骗着。例如,一盒谷类食品可能在显眼的地方标注着"低脂"。担心体重的消费者认为这是好的谷类食品。但仔细察看一下食品包装上极小的字样,毫不例外的,你会发现这盒食品含脂量低,但含糖量却极高。

在投资时,共同基金可能打这样的广告:"所有基金中收益最高的。"大字标题没有表达出的意思是,如果其他的基金没有一个能赚钱,他们的基金也不赚钱,这就像在说:"我抓到了最大的小鱼儿。"

通过信息分级来变得更富有

我从军队中学到的许多信息分级法都可以应用到生意场上:

课程1:事实与观点。分析军事情报的关键是要知道事实和观点不一样。对于理财智慧也是如此。许多人认为投资有风险,其中一个原因是他们不知道事实和观点的区别。关于观点如下例:

● 当有人说某公司的股票价格将要上涨时,只是一种观点,因为这是未来要发生的事情。
● 当有人说某人的净资产有100万美元时,只是一种观点,大多数估价都是观点。
● 如果有人说"他非常成功",这也是一种观点,因为成功的定义是相对的。

课程2:愚蠢的解决方法。当人们把观点当做事实来运用时,就会想出愚蠢的解决办法。在战争中,这会要你的命。在商业中,这会让你破产。例如:

问:"为什么买那栋房子,尽管你知道自己买不起?"
答:"我之所以买它,是因为我的经纪人说它要升值。我想我可以买了房子,住在里面,然后卖了它,获得一笔可观的利润,这就可以解决我的金钱问题了。"

问:"为什么你知道他是一个玩弄女人的懒鬼,还和他结婚?"

答:"哦,他真可爱。我害怕失去他。我不想让任何人把他从我身边带走。虽然我知道他喜欢鬼混、不喜欢工作,但我想我们结婚、有了孩子以后,我能够改变他。"

问:"你既然不喜欢这份工作,为什么做了这么多年?"
答:"我想我可能会得到提拔。"

问:"为什么你投资那些共同基金?"
答:"因为我的理财顾问让我这样做。她说这是一项好投资。"

课程3:冒险的举动。在战争中,如果你不能核实信息,却盲目行事,可能就会面临死亡的危险。一个冒险的投资者就是根据观点来投资的。不幸的是,多数投资者都是冒险一族。大多数投资者为获得资本利得而投资时,他们的投资决定是根据预测未来的观点作出的。大多数投资者投资共同基金,是根据股票市场每年上涨8%~10%的观点作出的。如果该观点是错误的,他们就赔钱了。

聪明的投资者知道事实和观点的区别。一般来说,为获得资本利得而投资的人是在投资观点;为现金流而投资的人是在投资事实。如果可能的话，聪明的投资者既投资观点，又投资事实，也就是说，既为现金流而投资，又为获得资本利得而投资。

如果你正在投资股票、共同基金、房地产或公司，问问自己，让你作决定的信息是基于事实还是观点。

课程4：控制资产。我想要的一个重要的信息是我能控制多少资产。在前一章"第四财商：撬起金钱的杠杆"中，我提到在使用杠杆之前，控制对于投资很重要。如果我不能控制，就不会用太多的杠杆。我通过控制租金来控制我的资产价值。我的资产价值不是建立在市场估价基础之上的，因为99%的市场估价是观点。

房产经纪人通常要求支付一大笔首付，因为他们不相信估价。当然，当信贷的门槛变低后，这种做法便无影无踪了。信贷松动，贷款低息，房产似乎一片光明，无知者无畏，进而房价飙升。有更多的买家意味着房价会上涨。当价格上涨时，房地产的估价自然跟着上涨。当估价上升时，有房一族就觉得自己富有，因为他们认为房子价值上升了。许多人根据房子的新估价，开始进行房屋净值贷款。他们购置新车或度假屋，外出度假和购物。然后"暴富"的气球上出现一个破洞，这个小小的破洞被称为次贷问题。当这个小小的破洞继续开裂，气球将开始慢慢飘回地面。

这就是把观点（资本利得）而不是事实（现金流）作为股价依据的问题。不仅房产是如此，所有的资产都是这样。这就是我在寻找财务信息时，需要知道信息是事实还是观点的原因。当观点被误认为是事实时，财务上不理智的行为由此而生。

无知者无畏

下次你要作投资决定时，有两首歌值得你哼一哼——约翰尼·默瑟和鲁比·布鲁姆合唱的《无知者无畏》以及唐施立兹创作、肯尼·罗杰斯演唱的《赌徒》。我喜欢《赌徒》中的歌词："当你坐在赌桌旁，就千万别数自己的钱。"有些人跟我说"我的净资产有……"或"我的房子的估价是……"，我就知道与我谈话的这个人是个赌徒，他坐在赌桌旁数着自己的钱。我的富爸爸说："你坐在赌桌旁别数你的钱，因为一旦你坐在赌桌旁，你的钱就不再真正属于你。只有从你离开赌桌的那一刻，你口袋里的钱才是你自己的，你才可以数它。"

今天，数百万有退休账户的工薪阶层正坐在赌桌旁，数着他们的钱。由于大多数人投资纸资产，为获得资本利得而投资，他们虽投资了但不能加以控制，一味希望观点变成事实。那是非常冒险的做法。

但这并不意味着聪明的投资者只依据事实来投资。聪明的投资者既依据事实也依据观点来投资。因为聪明的投资者知道事实和观点都可能是有价值的信息。简单地说："事实是经过证实的事情。观点可能基于事实，也可能不是基于事实。"换句话说，观点可能是事实，但是在被证实前，它仍然是观点。正如我的好朋友兼商业伙伴肯·麦克尔罗伊所说的："相信观点，但是需要证实。"

课程 5：**什么是规则？** 规则和法律是非常重要的信息。许多人陷入困境，只是因为他们不知道规则、无视规则或违反了规则。

就我个人而言，我从来不喜欢规则。在越南，我更不喜欢它们。让我痛恨的一件事是，我们根据一套规则来战斗，而敌人根据另一套规则来战斗。在战场上有个规则让我感觉很荒谬，即我们不能越过国界去追击敌人。敌人会在国界附近战斗，然后为了安全而逃出国界。有很多次我们不得不停止战斗，因为越南军人跨过国界逃到了老挝。

我不喜欢的另外一个规则是我必须穿制服，但是敌人不穿制服。战斗中最有价值的信息是让敌人看不清我们在哪里。而我们的制服为敌方提供了这样的信息。

规则提升资产价值

我的富爸爸改变了我对规则的态度。他说："没有规则，就没有资产。"他进一步向我解释："在频频违反规则的社区，犯罪率上升，房产价值下降。"他还说："你进行一项体育比赛时，如果没有裁判来执行比赛规则，就会乱成一团。你在高速公路上开车，如果没有交警执法，就会发生车祸。所以规则很重要。"

规则可能会使一个人非常富有或非常贫穷。所以关于规则的信息无比重要。不久前，安然公司[①]的首席执行官违反规则，公司

[①]美国安然能源公司，曾经是世界上最大的综合性天然气和电力公司之一，2002年破产。

破产了，工人失业了，而投资者亏了钱。在投资界，不同的资产有不同的规则。我不喜欢共同基金还有一个原因，因为我不喜欢它的规则，我不能对它加以控制。我更喜欢房地产的规则，因为这些规则允许我赚更多的钱，而合法地少纳税。如果我将房地产的规则应用到共同基金上，我就会锒铛入狱。

对于那些想变得富有的人来说，好的会计和律师是非常重要的。今天，有繁多的法律、规则和规章制度，一个人全部知道和完全理解这些规则是不可能的。尽管聘请律师和会计似乎价格不菲，但是他们为你省去的痛苦、为你赚到的钱，要远远超出你支付给他们的费用。

一定要记住两件事：规则为金钱游戏提供有价值的信息来源；如果没有规则，那么资产价值就会下降。

课程6：趋势。投资者从一大堆事实中获得信息，然后形成观点，这时趋势就形成了。让我来给你讲一个故事吧，它对我的生活产生了很大的影响。

1972年下半年，越南北方军队穿过非武装地带，试图攻占西贡，即今天的胡志明市。非武装地带南部第一个大城市是广治，我们知道如果我们不在那儿阻止他们，就要打败仗了。

开始我们在广治之战中失利了。我注意到一些特别的贸易信息，是一个很小的信息，即南越政权的人正在用他们的货币来交易金叶。我模糊地觉得这个信息很有意思。

正如我在本书中一直讲的，美元在1971年已经不再是金钱，而成为一种流通货币。1973年，我在越南时，通过南越政权的人在生活中透露出的恐慌信息，亲眼目睹了金钱规则的改变。他们知道战争失败了，而且他们是失败的一方。

1971年，黄金价格被固定在每盎司35美元。1973年，我看到它的价格上升到每盎司80美元。当越南人民军开始向南部挺进时，人们心中的恐惧上升甚至产生恐慌。亲美的富人准备逃跑。他们不再持有比索或美元，而是购买所有能到手的黄金。我接收的一条情报是这样说的："人们丧失了信心，想逃跑。想用美元和比索换黄金。"

坐在绝密情报办公室中，我意识到人们需要黄金。我猜想他们知道黄金可以为他们支付到另一个国家的盘缠。我能感受到他们的痛苦。他们知道黄金可以救他们的命。

我知道这是事实。在战争中，美国逐渐失利，越南人民军正在解放南方。在国际上，美元在下跌，而黄金价格在上涨。从那条情报中得知，南越政权的人正惊慌失措，拿出他们所有的货币来购买黄金。对于我来说，这种趋势是一个投资机会。我用这种趋势形成了一个观点。

几天后，我和一个战友飞向南部，跨过敌人的战线，希望能买到一些黄金。我们认为，南越的金矿主一定会不顾一切将他们的黄金卖给我们，因为越南人民军刚刚占领他们的村庄；我们认为，金矿主会抓住这个机会，拿走我们的美元；我们还认为，我们处在有利位置，可以按折扣价买到黄金。根据我们的观点，加上一些事实，我们愿意打破规则，甘愿冒着生命危险去赚上几美元。

结果我们不仅没有赚得大笔钱，还差点丢了性命。我没能以折扣价买到黄金，反倒学到了有关黄金和货币的一个有意义的教训。那一天，我发现全世界的黄金价格实际上都是一样的。那一天，黄金的价格是每盎司 82 美元。我发现无论是在美国买黄金，还是在越南买黄金，价格都是一样的。

站在敌军防线里，期望以一个较低的价格购买黄金，就是一次由愚蠢变得聪明的极好经历。我站在金矿的销售处——一个小小的竹屋前，与一个嚼着槟榔、牙齿泛红的老妇人讨价还价，在那里，我获得了国际金融学的 MBA 学位。尽管我没有问，但我确实怀疑这个妇人是否是美国哈佛大学的高才生。我不知道她是否接受过正规的教育，但她确实是一名好老师。尽管她看似没有接受过良好的教育，似乎穿着邋遢不像个成功人士，但当谈到黄金的价值和价格时，她很有一套。她在财务方面很聪明，态度坚决。她不会让两个年轻的美国飞行员用甜言蜜语和快速贬值的美元来购买她的黄金。

直到今天，我仍然清楚地记得，我站在她的面前，与她讨价还价看能否少给 5 美元。我愿意支付每盎司 77 美元，而不是当时的通行价格每盎司 82 美元。她没有接我们的钱，只是一直摇头，嚼着槟榔。她知道黄金价格。她了解地缘政治的经济力量。她见多识广，心知肚明，头脑冷静，而且并不急于卖掉她的黄金。她知道大势所趋，优势在她那一边，而不在我们这边，她知道有人比这两个飞行员更不顾一切地想利用她的黄金来赚钱。

我意识到她不会作出什么让步，于是低声对自己说："我死定了。今天我真该死，站在敌军防线以内，要求当地人给5美元的折扣。没有人能找到我们。没有人知道我们发生了什么。我们失踪了，甚至不是在任何一场军事行动中失踪的。我不是因为高尚的理由而被杀死，而是因为我贪图从一个国际通行的商品上得到几美元折扣而丢掉生命。我真该死，因为我低贱、愚蠢。如果我继续站在这儿与这个老妇人为几美元折扣而争论不休，我会被人从背后射死。我是如此愚蠢，我真该死。"

趋势是你的朋友

那天我学到了3个教训。第一个教训是全球市场的力量。全球市场意味着全世界的价格是一样的。黄金由国际市场定价，而房地产依据当地市场来定价。那个老妇人获胜了，因为她拥有全球市场和当地市场的信息；她获胜了，因为她有更好的信息和更高的理财智慧。

如今我已明白，我需要知道当地的或全球的什么信息重要。今天，我喜欢投资房地产，因为它更多依赖于当地信息而不是全球信息。我能够成为某个小地方的房地产专家。我拥有当地的信息，就能够比纽约、伦敦、香港或东京的大工业投资者更聪明。如同勇士大卫击败歌利亚一样，信息和智慧更胜一等的小投资者也能够击败巨人。

我学到的第二个教训是趋势的力量。如果我能够更好地理解趋势和黄金价格，不冒着生命危险深入敌人后方，就可以赚到许多钱。我不必到敌人后方投资。我不必要求折扣。我必须做的所有事情只是顺应趋势而投资。我可以去世界上任何一个小镇以同样的价格购买黄金。等到1979年,趋势是黄金价格抬高到每盎司将近800美元。我不必冒生命危险。如果我已经信任了这种趋势,我就能赚到很多钱。我不需要通过差价来赚钱。

我学到的第三个教训最有价值——信息只是信息。智慧是获得信息并赋予它意义的能力。红牙齿的那个老妇人得到的信息和我的一样。然而她的智慧使她对信息有更深的理解并赋予更多的意义,这是当时我做不到的。她是一个经验丰富的老手。她了解金钱游戏。而我是一个新手,是古老的金钱游戏的一个新玩家。

2007年8月9日,股市暴跌,人心惶惶,我想起了那个老妇人。我做的第一件事就是核实趋势。我没有随大流加入恐慌的队伍,而是控制住自己的恐惧,重新关注市场的趋势,而非市场的价格起落。核实事实后我形成了对未来市场的观点。

我正在寻找中央银行采取行动的信息。他们又一次印制了更多的"假钞",而不是去解决问题。当我了解这个事实时,各国的中央银行正在往瘫痪的市场注入现金,我知道我的观点——美元的购买力继续下跌——仍然合理、有效。

今天,我没有去做多元化投资,而更喜欢集中投资几个小资产,关注趋势,然后顺应趋势来投资。因为我知道趋势有可能会倒转和改变方向,所以我不会盲目地做长期投资。信息时代日新月异,我得随机应变——而不是像机器人那样一成不变。

我今天正在投资的一些趋势是:

石油的趋势。如你所知，更多的国家，如中国、印度和东欧正在变得现代化，对石油的需求越来越大。虽然科学家们致力于发掘可替代能源，但石油在今后若干年内仍将是主要的能源。我非常不喜欢开发石油对环境的破坏，但严酷的事实是我们都在用石油，即使是最忠诚的环境守住者也不例外。我确信石油价格的长期趋势是上涨，在不远的将来，石油价格可能会达到200美元一桶。这种高价会对世界经济造成严重的冲击。随着可替代能源技术的发展，如太阳能的开发，随后会有其他的趋势值得我们关注。

白银的趋势。我相信在2007年白银是最好的投资。我相信它是比石油更好的投资。之所以这样说，有两个原因。第一个是因为白银是消耗性工业金属。这意味着它可能被用尽。白银是电子工业中广泛应用的金属，被用于电脑、电话、电视机和其他电子小配件。据估计，95%的白银已经被消耗了。它已经变得相当稀缺。而黄金不一样。据估计，已经发现的黄金有95%仍然存在。黄金没有像白银那样被消耗掉，而是被储藏起来。从很多方面看，这使得白银比黄金更有价值。

第二个原因是白银也是珍贵的金属，是金钱的一种形式。随着美元的购买力下降，许多人都在寻求能真正代表金钱或至少能保值的东西。在我写本书的时候，白银与黄金相比非常便宜。白银的价格是每盎司约13美元，而黄金的价格高达每盎司约600美元。历史上，黄金价格约为白银价格的14倍，这表明如果白银价格是每盎司10美元，那么黄金的交易价格应该是每盎司140美元。

而今天，黄金和白银的交易价格相差约50倍。对我来说，根据历史趋势以及白银是消耗性金属的事实，白银价格上升的几率更大。

大约一年前，许多股票交易使那些不想投资白银矿业股票或不想储藏银币和银锭的投资者，来投资白银ETF即交易型开放式基金。白银ETF使投资者投资白银更容易一些。白银ETF就好比旧的美国纸币，是被白银支持的纸币，被称为银券。白银ETF的不同之处在于，它可以随着世界白银价格的起伏而起落。我相信白银ETF的增加意味着，在世界货币的购买力持续下降时，人们已经做好准备开始储藏越来越多的白银。

白银是消耗品和珍贵金属，这一点造就了它在这10年间的投资机会。有报道称，地球上剩余的白银不到3亿盎司。这意味着到2020年，世界上的白银可能会被用光。正是因为这一点，有几个白银狂人觉得在今后几年中白银会和黄金一样贵。我想还不会达到那个程度。当然由于供求趋势，我相信白银是千载难逢的投资机会。今天白银的价格很便宜，是西方社会的普通人能够承受的低风险投资。所以我观察趋势，当白银市场价格下降时，就买进白银。当然我可能是错误的，所以最好是你自己做研究，你自己发现信息后再进行投资。

房地产的趋势。商品房高价格的一个原因是世界需要和想要更多的住房。例如，中国对混凝土的需求会导致美国混凝土的短缺，这一点就促使美国混凝土的价格上升。

我喜欢投资公寓的一个原因是，不管是富人还是穷人，都要花钱找栖身之所。在美国，未来20年间，美国人口预计会从3亿增加到 4 亿。因此我相信房价还会继续上涨。

房地产价格高得令人难以承受，加上工资下降，我相信这种趋势会导致更多的人成为租房一族。2007 年 8 月 9 日，在市场暴跌时我和金不恐慌的一个原因是，我们通过出租房产来获得现金收益，我们不想出售房产而获利。那些炒房的人是为获得资本利得而投资的。

当次贷市场瘫痪时，卖家惊慌失措。为获得现金流而投资的人——将资产出租的人——并不惊慌。事实上，他们看到了机会。在萧条的市场中，租房人要比买房人多得多，一般来说，市场疲软对于房东是好机会，而对于卖家则不是。

嚼着槟榔出售黄金的那个老妇人知道惊慌的人将使她变得富有。趋势是她的朋友。出租房产的人也知道趋势是他们的朋友。对于那些出售房产的或正指望房产升值的人，短期趋势可能对他们不利。价格没有上涨，有可能走低或保持不变。卖家的繁荣时代已经结束了，而房东的辉煌刚刚开始。

人口决定命运

一个非常有价值的数据来源是人口统计数据。正如一条谚语所说的："人口决定命运。"换句话说，只看人——如我在越南时做的那样——你就知道你应该以何种方式投资。我一旦知道人们恐慌时就会用他们手中的货币购买商品，我就得到了非常有价值的信息，然后形成基于这个趋势的观点。当黄金的价格跌至每盎司400美元时，我开始少量买进，当跌至每盎司275美元时，我买了很多。然后价格开始反弹。换句话说，我跟踪趋势的发展，一旦趋势逆转，我买进很多。我喜欢黄金和白银的一个原因就是，黄金和白银总有自己的市场。相对来说它们有流动性，如果我需要现金，就可以很快地将它们兑现。

流动性较差需要较多的信息

关于房地产，趋势是婴儿潮一代将退休，并迁往亚利桑那州和内华达州。所以我在那些地方投资。由于底特律的工作机会逐渐消失，人们正在搬出这个城市，这促使房价和租金下降，改变这种趋势需要很多年的时间。因为比起黄金、白银和股票，房地产的流动性要差一些，所以我需要对房地产的趋势有更多的认识。

2007年8月9日后，许多房主、倒卖房地产的人和房地产开发商握有标价很高的公寓大楼，却发现他们的房产很难脱手。大多数人无法将房产卖掉来脱身，而只能无望地看着那些房产的价值慢慢消失。这里得到的教训是：资产的流动性越差，你就需要更多可以形成趋势的信息。大多数人高价买进，现在却要低价卖出。机灵的投资者知道如何紧跟趋势，实现低买高卖。

金融猛禽

每当我看到高楼大厦前停放着房地产开发商的工程起重机时，

我就知道趋势终结之日为时不远。不管什么时候，只要看到工程起重机停在地上，你就应该知道繁荣即将结束。这意味着循环达到顶点，一般来说，除了下跌，无路可走。下次当你看到地面上停着不止两台工程起重机时，你要开始考虑把不想要的房地产出手吧。

历史和循环

我对于趋势的最后一个想法是关于历史和循环的重要性。从市场几次起落中死里逃生的我从历史中学到了很多。我相信，历史上的金融趋势值得观察。这个趋势是，在股票与商品之间有为期 20 年的循环。因为曾经做过在石油公司航海的船员和驾驶直升机寻找黄金的飞行员，我特别好奇为何当股票价格下跌时商品的价格就会上涨。几年前，我看了我非常喜欢的金融作家吉姆·罗杰斯写的一本书，书名是《热门商品投资》。罗杰斯发现，20 年来，股票价格上升的同时，商品价格却在下跌。

例如，从 1960 年到 1980 年，我刚刚成年时，诸如石油和黄金等商品的价格正在上升。1980 年，当股票价格开始攀升时，石油、黄金、白银和房地产的价格开始下降。从 1980 年到 2000 年的 20 年间，股票市场停在高位，而石油、黄金和白银如乖狗一样纹丝不动。当商品市场下滑时，我正在买进我所能买进的所有石油、黄金、白银和房地产。按预定时间，在 2000 年，在网络公司发展的最高点，股票价格下跌，而商品价格开始疯狂反弹。如果历史重演，那么商品价格将在2020年下跌，股票价格将再次反弹。

显然，我并没有能够预见未来的水晶球。但是历史似乎总在重演，我的年纪还能看到这种轮回。如果你愿意了解一些世界级的投资者——像吉姆·罗杰斯——是如何分析趋势的更多信息，我推荐你读《热门商品投资》这本书，或者罗杰斯写的其他书。罗杰斯是一名杰出的投资者和作家，他对趋势有着敏锐的洞察力。请始终记住："趋势是你的朋友。"如果你无视趋势，那些金融猛禽会将你的骨头啄得干干净净。

小结

最后再说一次，不是资产使你变得富有，而是信息使你变得富有或贫穷。举个例子，如果我在1979年以每盎司800美元的价格买进黄金，今天我就可能眼巴巴地等着收回我的钱。因为美元的购买力下降了不少，今天我必须等待黄金价格达到1 500美元才能持平。

对于任何资产来说这都是正确的。比如，在房地产中，大多数投资者亏钱是因为他们没有充分的信息和足够的智慧。当有人问我："房地产是一项好的投资吗？"我的回答是："我不知道。你是一个好的投资者吗？"

许多生意之所以失败是因为缺乏好的商业信息和理财智慧，而不是因为缺钱。当有人问我："我有大量创新的商业想法，我正在筹集资金，你对投资我的新公司感兴趣吗？"我的回答是："我不知道。你做成几笔成功的生意了？"

　　事实证明，志愿去越南参战是我做的最聪明的决定之一。如果没有去越南，我就不会遇到那位嚼着槟榔的老妇人。那一天，我站在敌军后方，她给我上了非常重要的一课。她赢了，因为她知道黄金价格已经和黄金价值没有什么关系了。理解了价值，她知道人们为什么买黄金以及为什么黄金对他们很重要。那一天，我学到了不是资产使你变得富有——而是信息和智慧使你变得富有。如果我在投资黄金时亏了钱（那是真正的钱），那么我投资任何其他东西都会亏钱。那一天，我发誓要变得更聪明，因为那位老妇人教导我，使我变得富有的是信息和智慧——而不是黄金。

第八章
财务健全

INCREASE YOUR
FINANCIAL
IQ

"健全"(integrity)是个有趣的词。我之前看过它在不同语境中的不同用法。我相信它是英语中最容易被误用、最让人迷惑和最被滥用的词之一。许多次我听到有人这样说:"他为人卑鄙(no integrity)"或"如果他们人品正直(integrity),他们会更成功的"。还有人说:"那栋房子有完整(integrity)的设计。"在讨论财务健全之前,我认为最好我能给"健全"这个词下个定义。

《韦氏辞典》给出的定义中,"健全"这个词有3种含义,它们是:

1. 健全:未受损伤的状态。
2. 正直:严格遵循规则,特别是道德或艺术的规则。
3. 完整:完全的或不分离的质量或状态。

汽车健全

在探讨金钱和健全时,我们需要所有这3种含义。为了更好地解释这一点,我用汽车的健全来举例说明。一辆汽车由几个系统组成：制动系统、燃料系统、电气系统、液压系统，等等。如果在不完善的状态下运行系统，那么汽车就无法行驶，它是不"健全"的。比方说，如果燃料系统受损，那么汽车就开动不了。汽车的完整性受到威胁和破坏。这辆汽车不是"健全"的。

身体健全和财务健全

类似的例子还有人的身体。人体系统包括动脉系统、呼吸系统、神经系统、骨骼系统、消化系统等。如果人体系统不健全，比如动脉被阻塞、被破坏，那么健康就会受到威胁，随之而来的就是疾病或死亡。

就如身体状态由于不健全而被损害一样，财务也可能不健全而岌岌可危。人体不健全会带来疾病或死亡，而财务不健全的表现是低收入、高税收、高消费、繁重的债务、破产、丧失抵押品的赎回权、增加的犯罪率、暴力、悲伤和绝望。

前面，我列出了5种不同的理财智慧。这里再次强调，它们是：

第一财商：赚更多的钱。

第二财商：守住你的钱。

第三财商：预算你的钱。

第四财商：撬起金钱的杠杆。

第五财商：改善你的财务信息。

如果你想要变得富有、保持富有并将财富代代相传下去,你需要健全所有这5种智慧的。缺少其中一种或几种,就如同一个不会开车的人,尝试驾驶一辆有刹车而无刹车垫、排气管中有水的汽车。

当一个人在财务上举步维艰,他的某种或几种财富智慧不正常,导致他的财务就不健全了,这个人也不是健全的。举个例子,我一个朋友在小企业当经理,赚了很多钱。她的问题是没有守住她的财产,没有合理避税,而且没有预算,任凭冲动去购置衣物和度假。她的杠杆是一栋大房子,她认为房产的价格在上涨。她从她的丈夫和理财顾问那儿得到理财建议。她的丈夫人很不错,但和她一样,他在这5种理财智慧上也同样面临着挑战。

他们都是好人,受过良好的教育,为人诚实,常去教堂,并且努力工作。他们享受生活,养育优秀的孩子。问题是他们的财务不健全。财务不健全的表现是,他们担心要从房子的抵押贷款中借钱偿还信用卡账单,担心3个孩子上大学的费用,还担心没有足够的钱留做退休后使用。这些都是具有代表性的金钱问题,是财务不健全的典型表现。

问题还在于,他们不认为自己有问题。他们每天一早起床,送孩子们上学,然后去上班。他们下班回家,陪孩子们玩儿,帮助他们完成家庭作业,看会儿电视,然后上床睡觉。他们知道有些事情不对劲儿,但是不愿去发现问题。他们希望事情会自动好转。

财务报表

和大多数人一样,我这两位朋友也没有个人财务报表。他们甚至不知道财务报表是什么或为什么很重要。和大多数大学毕业生一样,我的朋友们离开学校时,并不知道信用申请、信用积分和财务报表的区别。因为没有个人财务报表,他们怎么也弄不清自己的财务状况,也不知道某些做法可能是错误的,在什么地方可能导致财务不健全。没有财务报表和缺乏5种理财智慧,他们可能很难确知什么是错误的,以及需要做什么来纠正错误。

在我看来,这是财务不健全的开始。它源于我们的教育系统忽视第五财商"改善你的财务信息"。1974年,当公司要求员工为他们的退休生活做储蓄时,教育系统应该增加或完善财商教育的课程。我们的学校未能提供财商教育,正给人们的财务健全带来巨大的冲击。

财务健全的反映

正如我的富爸爸所说的:"我的银行从来不要求看我的成绩单。"银行家不要求看学习成绩单是因为他们看重的是理财智慧,而不是学术智慧。这就是为什么他们要求看财务报表的原因。财务报表是你的财务是否健全的反映,相当于你的财务成绩单。

银行家们正在寻找与5个理财智慧相关的答案。很显然,他们想知道人们在赚钱时是否聪明、如何守住钱财、如何做预算、如何撬起金钱的杠杆以及他们有多么见多识广。财务报表会为银行提供这些信息。

财务不健全

如果一个人财务不健全——如之前提到的不堪重负的债务、预算做得不好、花的钱比赚的多、丧失抵押品赎回权和破产——银行家很可能抛弃这个客户。这事关职业道德。

2007年,随着信贷市场的崩溃,显然信贷、银行和投资机构已经财务不健全了。贪婪取代信贷健全的惯例。单靠信贷是无法发展经济的。而教育系统也就是学校不能教授给学生金钱方面的知识,不能培养学生的理财智慧,所以从学校出来的成年人对这个变幻莫测的新世界束手无策。地球上的数十亿人没有个人财务报表,读不懂商业财务报表,也不知道国家的财政状况。这是教育不健全的表现。

内在价值

沃伦·巴菲特不做多元化投资。相反,他寻找有内在价值的公司,财务健全的公司。他想知道他这家公司是否有这5种理财智慧。用非常简单的话来说,巴菲特想得到下面这几个问题的答案:

1. 这个公司能赚更多的钱吗？
2. 这个公司有守住资产的制胜法宝吗？
3. 这个公司对金钱和资源做好预算了吗？
4. 这个公司有升值和发展的空间吗？
5. 这个公司的管理团队是聪明且知识渊博吗？

用更简单的话来说，内在价值是指：

1.**法宝**。即企业需要有一个核心竞争力——无论世道好坏都可以赚钱的东西。可口可乐符合这个要求。人们总会喝含糖饮料，尽管饮用水可能更适合他们。

可口可乐的一大优势在于商标，它受法律守住。你可能想起第二财商的要点是"守住"。假若这样，巴菲特会喜欢可口可乐，因为它是一种有着受法律守住的品牌的产品，而不仅仅是一般商品。可口可乐是一个有辨识度的品牌，不仅免受盗版的侵犯，还提高了自身的内在价值。

在我们开展业务的每个国家和地区，富爸爸商标都是一个受法律守住的商标。富爸爸作为一个品牌，给我的公司带来更大的内在价值。有许多作家写书，但未能创立一个品牌。如你所知，哈利·波特就是一个大品牌。唐纳德·特朗普也是。如果你不是一个品牌，就只是一般商品。品牌有更多的内在价值，为了维持这种价值，对于传播的信息和它的消费者来说，它必须是真实可感的。

几年前，一个大的共同基金公司找到我，问我是否可以为它们的基金做广告。尽管报酬很高，但我还是拒绝了。在我看来，为共同基金做广告，对于富爸爸品牌来说是不真实的。对于我来说，这种做法可能表明财务不健全，会降低富爸爸这个品牌的内在价值。而且，我也不想忝着脸做这个事。

2. **杠杆**。这一点将小企业主和大企业家区分开来。如果我是一名医生，病人只是来找我看病，我就很难提高我的价值。但是，如果另一个医生发明了一种新的治疗方法或研发出一种新药，那么他的医疗智慧就通过产品得到了提升。

这个世界到处都是不会利用杠杆来提升价值的小企业主和专业人士，因为提供的只是一种产品。大多数的雇员属于这类人。他们不知道如何提升他们的服务，不知道如何把他们的时间转化为美元。

我们中的许多人都知道，努力工作的音乐家不一定能赚到很多钱，只因为他们不能撬动天赋的杠杆。世界上有很多音乐家出版CD，CD是杠杆的一种形式，但是他们不能撬动CD发行和销量的杠杆。这就是如《美国偶像》①这样的非专业类节目颇受欢迎的原因。那些自认为能唱歌的人，想利用全国性的电视节目这个杠杆提升自己，被西蒙严厉批评也不在乎。

3. **可持续发展**。一旦某产品或某项生意能够被撬起杠杆，沃伦·巴菲特会接下来问这个问题："这个杠杆能被撬到什么程

---

① 《美国偶像》是美国福克斯公司在英国系列电视节目《流行偶像》的基础上改编推出的真人秀电视节目。下面的"西蒙"全名是西蒙·考威尔，为《美国偶像》的3位评委之一，以评论犀利著称。

度?"巴菲特喜欢可口可乐是因为它在全世界都可持续发展。他说:"每时每刻只要世界上有人喝可口可乐,我就可以赚到钱。"

在我写《富爸爸穷爸爸》时,书就是我的杠杆。现在,不是我本人在传授知识,而是我的书和游戏在向人们传授知识。接下来的任务是在不同国家、用不同的语言来印制、发行我的书和游戏。通过授权给全世界不同国家的公司来出版富爸爸产品,这个任务得以实现。不是由我自己的公司印制、发行和销售我的产品,遍布全球的109个国家和地区的出版商们正在为我做这件事。这就是我的杠杠及其可持续发展的应用。

4.**可预测性**。沃伦·巴菲特想知道收入是否有可预测性。他不希望收入大起大落。他想确信无论发生什么事,他的钱都能如时针般规律地进账。

我喜欢投资公寓也有这方面的原因:不管形势如何变化,总会有钱进账。我不用担心房地产价格上涨或下跌。我想要我的钱全天候从世界各地、从我的公寓流入我的口袋。

这就是巴菲特不做多元化投资的原因所在。他会集中考察公司的内在价值。识别内在价值需要这5种财商。当一家公司有内在价值时,它很健全。当一家公司有内在价值时,不管经济状况发生什么变化,它都有更好的发展机会和利润保证。

在投资一家公司前,专业的投资者会看公司的财务报表。专业投资者在寻找公司是否健全的信息。当一个房地产投资者购买公寓时,也需要做同样的事。了解内部收益率就可以用于判断房地产的内在价值。

但由于大多数人在学校里未受到财商教育,也读不懂财务报表,问题就出现了:他们不知道自己正在投资的房地产是否有内在价值、财务是否健全。

商业语言

沃伦·巴菲特说:"会计是商业的语言。"如果你不懂商业语言,就很难辨别一家公司是否健全。富爸爸公司之所以为成年人和孩子研发现金流游戏,原因就在于我们坚信,在这个贪婪和不健全的世界中,拥有理财智慧并懂得商业语言是非常重要的。

政府的财务健全

政府也需要这5种理财智慧。政府需要赚钱、守住钱财、预算金钱、撬起金钱的杠杆和寻求最好的财务信息。如果政府能健全运作,政府和人民都将大步发展。如果政府不健全,政府和人民都将陷入困境,并因此变得更加贫穷。增加的税收和过多的债务,是美国政府正在与财务不健全作斗争的外在表现。

1971年,当尼克松取消了金本位制,并使世界上其他国家接受美元为储备货币时,美国的财务就不健全了。今天,美国非但不是世界上最富有的国家,反而是世界上最大的债务国。尽管包括我在内的许多人都因为这种金钱规则的改变而变得越来越富有,但大多数美国人已在拥有的财富上落后于人。财富的鸿沟正变得更大、也就更危险。

美国的问题源于第三财商"预算你的钱"。当美国开始出现贸易逆差时,我们改变了金钱的规则,开始累积数亿美元的债务,不去解决问题,而解决问题是政府应做的最明智的事情。

谈到第四财商时,很明显美国政府无法令它的货币升值——相反,债务增加了。今天,世界上最富有的人欠着世界上最穷的人的钱。这就是不健全。

当美国要求世界把美元作为流通货币,由美国政府"完全信用担保"时,美国的财务不再健全。没有人愿意投资给美国,也没有人愿意看着美元贬值。当世界要回钱时,那将是第二财商"守住你的钱"经受考验的时候。我相信美国将变成一个巨大的危险因素,可能违约不偿还贷款、不兑现它对年老公民所做的医疗保险和社会保障的承诺。美国将允许通货膨胀夺去工人的劳动所得,加重对年轻人的税收。对我来说,这就是不健全。

美国政府要提高第一财商"赚更多的钱",目前可行的方法是增加税收、印制更多的钞票、借更多的钱、发动新的战争和赖账。很明显,这会导致更多的财政问题,如果能够在第一时间解决之前的问题,那么现在这些问题是可以避免的。

时代的健全

历史总在重演。当政府破坏了财务健全时,领导人和教育家已经知道发生了什么。历史上已经发生过类似的事情。哥白尼在

1517年写到,通货膨胀是"对积弱王国的惩罚"之一。1776年,亚当·斯密说通货膨胀导致"对私人财产最具杀伤力的毁灭"。斯密的警告在德国变成了事实,这是近代以来的事情。在魏玛政府破坏了货币的健全后,希特勒就上台执政了。

美国及全世界的大多数人没有发现金钱和货币的区别,唯一的原因就是,我们的教育系统不教学生们关于金钱的知识,没有培养出受过财商教育的民众。

就个人而言,我相信,每个人、每个国家和整个世界都正在迎来一次强大的风暴。这么久处于不健全的状态中,我相信财务、政治、环境和精神的力量会让社会的钟摆摆向另一个方向。究竟会发生什么,我不知道。很可能已经发生了。

不幸的是,超级大富翁(那些从现今系统受益最大的人)也会受到即将到来的金融风暴的冲击,但程度最轻。而像我们这样的富人将会感受到自然的力量,不得不尽全力与风暴作斗争,而穷人受到的冲击最大。

好消息是,如果我们有勇气接受挑战,不被吓倒,那么我们面临的问题会使我们变得更聪明。每个问题里都有智慧的宝石,它会使我们更聪明、更强大,不管经济状况如何变化都能做得更好。

还有更好的消息是,几个国家的政府正开始在教育系统中增加财商教育的课程。我可以预言,那些财商教育最好的国家将会带领我们进入一个经济繁荣的新时代。毕竟,如今已是信息时代。

提高你的内在价值

同时,对于我们每个人来说,为未来可能的风暴做好准备也是很重要的。

我的建议是:

1. **解决好自己的问题**。正如海员准备好船只迎接风暴一样,现在开始使你的财务之船更经得起风浪吧。看看这5种财商,然后问问自己你现在需要哪一种?专心学习其中一个,现在就开始。不要试图马上接受所有的这5种财商。那是你所承受不起的。我相信,你会发现所有的这5种财商是相互关联的,所以通过集中攻克一个,你最终将会提高所有的财商。然后,不要着急,每天花时间进步一点点。永远记住,没有一个专业的高尔夫球手是一夜成名的,即使是泰格·伍兹。

通过提高5种财商,你正在提高你自己的内在价值,让你的财务更健全。如果你对自己在做什么不确定,请不要害怕或羞于向他人请求帮助。在下一章"开发你的理财天赋"中,我会写到我多么依赖聪明人给我提供帮助。没有人不需要帮助。

2. **投资有内在价值的资产**。再看一下沃伦·巴菲特用来评价一个公司的内在价值的标准。问问自己,你周围哪家公司符合你的需求,然后做一些练习。即使你不做投资,这也是提高你的财商的好习题。

房地产的内在价值

我喜欢房地产的一个原因是,我能看到、触摸到和控制资产内在价值中的相当一部分。但是请永远记住,大多数房地产不是好的投资项目。不管你是否有钱,都要做大量的练习,就是考察大量的资产,并分析它们的内在价值。

房地产的一大好处就是可以提升创造力。例如,我可以用创造性融资、创造性改良或创造性方法来提高资产的价值。在购买股票或共同基金时,创造力发挥不了多大的优势。但是在投资房地产时,创造力加上财务健全会使你变得非常富有。

3. 未雨绸缪,做好准备。正如美国商船学院教给我的,暴风雨即将来临的时候,也是做好准备的时候。这是指要确保船只完好。在那几年出海生涯中,我曾经历了太平洋的4次台风。今天,我仍然能想起当时的巨浪,山峰一般的海浪像要把整艘船吞掉。我能够看到、感觉到和听到船被撕裂而发出的"吱吱"声,我们尽力维持船体的结构完整并从巨浪下逃生。我很庆幸工程师设计了非常棒的轮船,船上的全体人员也都接受过良好的训练,随时准备好应对暴风雨。

随着工业时代的终结,我们迎来了信息时代,而情况也正变得更加混乱正在增多。如石油价格上涨、美元贬值、中国和印度开始制造汽车和飞机、制造业工作机会正在消失、工厂迁往海外、婴儿潮一代期望得到政府的照顾、恐怖组织活动猖狂、发动我们难以承受的战争、必须偿还的债务不断增加，蓄积已久的问题都将暴露出来。在信息时代，拥有5种财商将是你最大的资产。

我相信全世界将受到前所未有的挑战。我相信这一点，因为世界有太多的贪欲，有太多的错误信息，另外，腐败侵蚀着我们的企业、政府和学校。2007年8月，当信贷市场崩溃时，我想已经触到了即将来临的风暴的边缘。风暴的中心真正来临仍需几年时间。利用这段时间做好准备来驾驭生活吧。一定要变得勇敢、聪明，这个过程令人兴奋。这将是我们变得更富有和更聪明的最佳时光。你必须勇敢，必须开发潜在的理财天赋。

第九章
开发你的理财天赋

INCREASE YOUR FINANCIAL IQ

我直到上学才知道自己并不聪明。从幼儿园到大学的 17 年里，在学校的时光总是比较艰难。我一直被认为是一名普通的学生。不管我在哪个班，总有比我更聪明、更有才华和学得更快的同学。聪明的孩子上学似乎容易一些，而对我来说，上学很艰难。我得过唯一的 A 是手工课，因为我喜欢用手来工作。我为班级项目做了一艘小船，而我的同学们只能为他们的妈妈做沙拉碗。

我直到上学才知道自己是穷人。在 9 岁时，我家迁到城市的另一端，我进了一所贵族学校上学。很有趣的是，街道两边有两所小学。一边是联合小学，另一边是河岸小学。尽管这两所小学都是公立学校，但一所是为有钱人设立的，另一所面向工薪阶层的子女。

联合小学最初是为那些甘蔗种植园工人联盟的孩子上学而开办的，因此就命名为"联合小学"。河岸小学是给那些甘蔗种植园主和经理的孩子上学的学校。我进入河岸小学是因为我家刚巧是在街道的这一边。

虽然只有 9 岁，我也能感觉到河岸小学的同学的生活水平要比我家高得多。许多富裕的同学住在独立的社区，通过一座桥与对面的河岸连接。每次我走过桥和我的同学玩耍，心里都在想我正在进入另一个世界。

在那一边，我的同学们住在种植园主富丽堂皇的房子里。在这一边，房子就简陋得多。我家住的房子是盖给种植园工人住的。我同学们的父母是种植园工人住房的业主。我们家租房住。而有些同学家里不止拥有一套房子，许多人还有海滨别墅。当我们一家去海滩时，只能去公共的海滩公园玩儿。我的同学们在游艇俱乐部和乡村俱乐部玩儿，而我在那里打零工。

虽然我的同学们和他们的家人富有，但他们并不势利。他们在社区里很友好。我在朋友们的海滨别墅、船上和飞机上度过了许多美好时光。他们并不炫耀财富。他们分享财富。对他们来说，富有似乎很自然，没有什么特别的。那是一种生活方式、一种生活水平。对他们来说，那样的生活方式微不足道。我却觉得他们的生活方式很不寻常，有时候让我觉得不舒服，有时候觉得与他们格格不入，并且强烈地感到是生活水平将我们区分开来。在我12岁时，富有的同学们进了私立中学，而我进入公立中学，与那些来自联合小学的孩子们一起学习。

直到上了中学，我才知道自己是一个怪人。上中学时，我想约会的女孩子都不想理睬我。因为我不够酷。女孩喜欢的是那些高年级、拉帮结派的、有车的坏男孩。虽然我是足球队和冲浪运动队的新星，但我不够酷，不是一个坏男孩，也没有车。我个性害羞，胖乎乎的，开着我家那辆褐色旅行车到处瞎逛。很显然，我不够酷。

1974年，我离开海军陆战队时已27岁，我知道我想成为富人、开跑车，与漂亮的姑娘约会。虽然我已经长大，不那么胖乎乎的，变得更高更壮，但在我心里，我仍然是那个害羞、胖乎乎的穷小子。我知道我想要什么。但我不知道如何达到理想的彼岸。

我知道我想成为一名企业家，想投资房地产，但是我没有钱，也没有技能。我想的越多，将我当时拥有的与我想要的生活作比较的次数越多，我就越发意识到我的老师是正确的。我就是一个普通人。我没有出色的技能或天赋。我不聪明。如果我想变得富有，我就得千方百计地找到一种方法，让我不用再过那种量入为出的生活。

不要过量入为出的生活

理财专家建议人们要量入为出、做多元化投资。对于大多数人来说，听起来这似乎是聪明的建议。听从这个建议的结果是你只过着普普通通的生活，因为这是一个普普通通的建议。它不是一个坏建议。它只是一个普普通通的理财建议。但是，谁想要过量入为出的生活呢？

上中学时，学生们开始集中发挥他们学习方面的优势，以未来的高薪工作为目标来选课。父母不断督促孩子要聪明、要努力学习、要取得好成绩。大学毕业后，许多人继续攻读研究生学位，缩小他们职业选择的范围，成为律师、老师、会计和职业经理人。许多医生在经过医学院很多年的煎熬后，继续接受进一步的训练，成为如外科医生或内科医生之类的专家。艺术系的学生成为泥塑、油画、水彩画、商业设计和音乐方面的艺术家。有运动员天赋的学生准备做职业选手，如足球运动员、网球运动员、篮球运动员或高尔夫球运动员。事实上，如果你去看体育比赛，就会看到许多父母大声叫喊，希望他们的孩子参加比赛，希望他们的孩子所在的球队能够获胜。没有人想在一个水平一般的队里打比赛。

我们中的大多数人都知道，如果想在学业上和事业上取得成功，就需要尽最大的努力做到最好。我们需要集中注意力，努力学习。我们需要术有专攻。但在谈及金钱时，人们得到的建议却是做多元化投资而不是专攻某一项投资，要量入为出而不是过一种高水平的生活。

从海军陆战队退役后，我不想做一份普普通通的工作，不想过量入为出的生活。对我来说，量入为出的生活是平均水平以下的人所过的生活。我不想开一般的车，住在一般的社区。我知道多元化投资将导致我的投资回报低于平均水平。我知道，如果我想要过一种高水平的生活——就如同住在河对岸的同学们过的生活——我就要集中投资。

结束了4年的军校生活和5年的海军陆战队生活后，我打量着我即将踏入的新世界，我注意到大多数人在努力工作，他们的专业水平在平均水平之上，而他们的财务水平却在平均水平之下。

要打败那些成绩为A的同学、富有的朋友、总认为我是普通学生的老师们以及那些对我不感兴趣的女孩子们，最好的方式就是变得富有。我并不是为了和他们争一口气。我只是厌倦平庸。我觉得我会变得比大多数人更富有，因为在金钱上，大多数人遵循平均水平以下的理财策略和理财建议。

为什么专家建议做多元化投资

正如沃伦·巴菲特所言："多元化投资是对财务上无知的守住。对于那些知道自己正在做什么的人毫无意义。"巴菲特也谈到了理财顾问："在其他领域的全职专业人士，例如牙医，可以给外行提供很多的专业知识。但是总的来说，那些想了解钱的知识的人，从专业的理财顾问那儿却什么也得不到。"

我相信许多人建议做多元化投资，仅仅是对无知的守住。我想巴菲特的意思是，那些平均水平以下的理财顾问对平均水平以下的投资者所做的平均水平以下的理财建议。

沃伦·巴菲特的理财策略与上面这些人不一样。他不做多元化投资。他集中投资。他寻找有极高价值的优秀公司。他不投资许多公司，也不祈祷它们中有一个能够表现良好。他不想要平均收益，不想和股票市场对抗。他喜欢控制公司，但不是管理公司。当巴菲特谈到投资时，他的关键词是"内在价值"，而不是"多元化投资"。

理财顾问建议做多元化投资的一个原因是，他们找不到好的公司。他们无法加以控制，而且不知道如何管理公司。他们只是雇员，而不像巴菲特一样是企业家。

聪明的人失败了

2007年8月24日，在股市暴跌后，《华尔街日报》的一篇文章讲了一件事，华尔街最聪明的人管理的数量分析型基金全都亏损（见贾斯汀·拉哈特著《"数量分析型基金"如何失败》）。换句话说，成绩为A的学生得分是F。这篇文章这样写道：

> 虽然没有使用同样的统计模式，但数量分析型基金采用相似的市场策略。他们接受同样的统计方法教育，钻研同样的科技论文，并使用同样的历史数据。结果就是，他们很容易得出相似的结论进行投资。

换句话说，华尔街雇用学术天才、优等生、世上最牛商学院的毕业生，他们能够使用相当复杂的计算机模型来投资数十亿美元，他们所有人得出的答案是一样的。当计算机模型指示"买入"，他们所有人买同样的股票，造成股票市场的繁荣；当计算机模型指示"卖出"，他们所有人抛售大部分的股票，造成股市暴跌。这不是理财智慧。

不做多元化投资——但自认为多元化

我的两个同学都非常聪明，他们都毕业于斯坦福大学，并获得博士学位。他们都有高薪工作，一个在银行，另一个在石油公司。在"9.11事件"后股票市场暴跌，他俩都亏了好多钱，尽管他们都做了多元化投资。几年后，我和他们俩分别谈过。我询问他们的投资策略。两个人都说："我投资股票、债券和共同基金组成的多元化投资组合。"

尽管我没有说出来，但是我想指出他们实际上并不是在做多元化投资。他们不是做多元化投资，而是百分之百地投资纸资产，主要投资于股票市场。他们没有投资房地产、私营企业或像石油这样的商品。当熊市时，一切都完了。他们做的不是多元化投资，而他们却自认为是。他们有超过平均水平的学术智商，但是他们的财商却低于平均水平。

发现你的天赋

从1974年到1984年，我建立和重建了几家公司。我下定决心要成为一名企业家。正如婴儿蹒跚学步一样，在学会走路前要跌倒、爬起来好多次，在我像一名企业家那样走路前，我跌倒又爬起来好多次。我之所以这样坚持，正因为我想学着做一名局内人，而不是局外人。

从1984年到1994年，我成为一名教育企业家，因为我开始对人们如何学习感兴趣。虽然我不喜欢学校，但是我喜欢学习。我想知道为什么上学时我总觉得自己笨。在这10年中，我和金创立了商业教育公司，在澳大利亚、加拿大、新西兰、新加坡和美国设立办公室，向人们讲授创业和投资的相关知识。

在这段时间里,我做了另一类事情,与传统学校的教育方向几乎相反。我不是创造一个仅有一两名聪明学生的环境,而是创造了一个每个人都觉得自己很聪明、都愿意学习的环境。全体学员不是竞争,而是合作。我不是让学员听我演讲,而是发明了各种游戏来教授具体的课程。成年学员不会感到厌烦,他们的最大潜力得以发挥,他们积极参与。

作为一名创业型教育者,我利用自己所学到的知识和经验,开发了具有教育性质的桌面游戏《现金流》,这是第一个同时传授会计学和投资的游戏。你可能已经知道的,会计是世界上最令人厌烦的课程,投资则是最令人恐惧的课程。将二者结合到一起,学习就变得更富有挑战性和乐趣。你不管玩这个游戏多少次,仍然能学到有关会计、投资和你自己的新东西。这个游戏在1996年正式发行。

当我对人的思想和人如何学习有更多了解后,我发现现行教育系统的许多事情都令人不安。我发现,我们现行的教育方法实际上损害了孩子们的大脑。换句话说,即使是优等生,也会被教育系统耽误。我对不同的教学技术研究和实践得越多,就越接近我致力寻找的答案,我发现我总被认为是笨学生或至多也是普通学生的原因。

多元智能

在研究中,我发现了霍华德·加德纳写的一本题为《智力的架构：多元智能理论》的书。这本书令我眼界大开，获益匪浅。他说人有7种智能：

1．语言智能
2．逻辑数学智能
3．音乐智能
4．肢体运动智能
5．空间智能
6．人际关系智能
7．自我认知智能

这本书验证了我内心的想法：我只是缺乏学校认可的智能，即主要是语言智能和逻辑数学智能。这就是我在中学时英语两次不及格的一个原因。我不会写作、拼写或使用标点。我缺乏语言智能，也缺乏逻辑智能。

在美国商船学院的第一年，英语成为我最喜欢的课程，因为我有一位很好的老师。如果不是那位老师，我今天也不可能成为一名作家。我所在学院的英语老师有很好的人际关系智能，所以他能够与我建立良好的关系。我很敬佩他。他不会用训话的口吻与我说话，而是激发我的灵感。我们可以像成年人之间那样交谈，而不是老师对学生。在他的课堂上，我想变得聪明，我想学习。我的英语成绩不是又一个F，而是得了一个B。

我需要安全

随后,我在越南的美国航空母舰上工作,是自我认知智能让我活了下去。自我认知智能是控制你的感情和把事情做完的能力,即使是威胁生命的事情也不例外。许多人在财务上不成功的原因就是,他们的自我认知智能差。那些自我认知智能有限的人经常会说,"我需要一份有保障的工作"或"那听起来有风险"。这是用情感思考,而非运用自我认知智能。

当我对加德纳和他的多元智能理论有更多的了解后,我意识到,成绩为 A 的优等生是语言智能和逻辑数学智能较高。读、写和算术对他们来说很容易,但对我来说却很难。我读和写都比较慢,只有在衡量像船那类的东西和计算金钱时,我才喜欢数学。我的优势是空间智能、肢体运动智能和自我认知智能,所以我会在课堂上混时间,手工课上造小船,当老师对我说,成绩不好就得不到好工作时,我并没有被吓倒或被激励。

这时候,你可能想问问你自己:在这 7 个智能中,你最强的是哪个。你可能想按顺序排列,第一个是最高的,第七个是最低的。我鼓励你去读加德纳博士的书。

大脑的三部分

阿尔伯特·爱因斯坦有句名言:"想象力比知识更重要。"

作为一名创业型教育家,我对人的大脑做了大量的研究。把所有的研究归纳起来就是：我们的大脑由3个基本的部分组成，如下图所示：

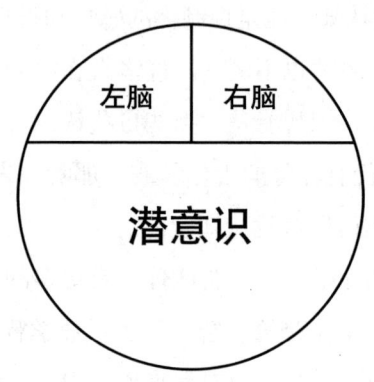

1. **左脑**。一般来说，左脑用于读、写、说和逻辑分析。在学校里成绩很好的孩子们左脑发育得很好。从加德纳关于多元智能的书中可以知道，左脑主要关系到语言智能、逻辑数学智能和人际关系智能。作家、科学家、律师、会计和教师是适合左脑倾向的人从事的职业。

2. **右脑**。右脑通常与绘画、艺术、音乐和其他更多的空间能力相关。从加德纳的书中可以知道，音乐智能和空间智能与右脑有更多的关联。设计师、建筑师和音乐家是适合于倾向右脑的人从事的职业。

3. **潜意识**。潜意识是大脑的三部分中最强大的，因为它包括"古老的大脑"，通常也被称为原始脑。原始脑更像是动物的大脑，它不能进行思考，但是能够反应、搏斗、逃避或停住。从加德纳的书中可以知道,自我认知智能与潜意识有更多的关联。在我看来,一个人的自我认知智能最终决定了他在生活、爱情、健康和金钱方面是成功还是失败。因为潜意识是大脑最强大的部分,在压力作用的情况下更是如此。

潜意识也通过肢体运动智能来影响我们的行为。例如,在高尔夫运动中,压力可能导致高尔夫球员反应迟钝,从而错失本来很容易的轻轻一击。一个人可能下意识地什么都不做,不愿意采取行动从犯错误的恐惧中走出来,或者继续做着有保障的工作而不去选择自己喜欢的工作。

自我认知智能高的人有能力控制潜意识想战斗、逃避或停住的愿望。他们不逃避,反而可能决定最好是停住。如果停住,他们可能选择斗争。关键在于,他们有选择合适的潜意识反应的智慧。如果生气,他们会冷静地说出来。如果害怕,他们能够克服恐惧。

当人们的潜意识被恐惧控制时,想法会与平时不同。因为害怕,他们可能会说:"我不做了。如果失败怎么办?"或者"那有风险"。与他们相比,那些潜意识里选择斗争的人可能会说:"我要给他们点颜色看看。我要做好那件事情,向他们证明我能行。"

在你思考和作决定之前,学会选择潜意识智能的状态是非常重要的。在越南战场时,当我下意识地选择去战斗时,我感觉良好,飞行得不错,而且更有信心。当我产生恐惧的感觉或处于恐惧的状态时,我的想法是害怕。所以,在你用左脑和右脑之前,请先选择你的潜意识状态。

要求在压力之下仍有极大控制力的那些职业,对于那些自我认知智能高的人是最好的选择。例如,警官、急诊室护士和医生、消防员和士兵需要很高的自我认知智能。我想企业家也需要高水平的自我认知智能。

大脑的哪个部分控制你的金钱

我开始对大脑以及大脑的运行机制产生好奇心,是因为我想知道为什么有这么多人言行不一。例如,我问某个人:"你想变得富有吗?"许多人可能用逻辑性的左脑回答:"是。我真的想变得富有。"这个回答没什么问题。问题是潜意识这时却说,"不是你。你将永远不会富有",或者"你怎么可能变得富有呢,你身无分文"。

在大多数情况下,潜意识中对失败的恐惧使人们停下脚步,无法前进。这种对失败的恐惧,是在学校时老师激励为学生而施加的。我记得老师曾对我说:"如果你的成绩不好,就找不到好工作。"在后来的生活中,当一个成绩为 A 的优等生找到一份好工作、想在事业上有所发展时,他们的恐惧使得他们成为工作的囚徒。

例如,我有个朋友在做律师,他是美国哈佛大学的高才生,他想要改变现状,但做不到。由于担心失败和赚不到足够的钱,他害怕做新的事情。他对我说:"我已经当了这么多年律师,我不知道我还能做什么别的事情。别人能付给我现在这些薪水吗?"他的左脑非常发达而右脑欠发达,潜意识则完全不起作用。

潜意识是大脑三部分中最强大的。潜意识非常强大，它控制我们的嗜好。例如，大多数抽烟的人想戒烟。你可以合情合理地向他们的左脑解释抽烟的所有危害，向他们的右脑展示非常恐怖的肺癌图片。但是如果某个人的潜意识里想抽烟，他就依旧会抽烟。潜意识通过许多方式控制你的生活，不管你是优等生还是差生。大多数人在谈到钱时，大脑内部都在斗争。就是这种冲突导致了许多人真想提高生活水平，想成为富人时，却过着量入为出的生活。

作为一名讲授创业和财务知识与理财技能的老师，我发现许多人——甚至受过良好教育的人——甘心做穷人。大脑的某些东西使他们持续贫穷：不是将他们接触的每样东西都变成黄金，而是变成铅。

大脑之战

作为一名老师，大脑之战让我很好奇。我被人的大脑逻辑和非逻辑之间的冲突所迷惑。我意识到，真正的教育不只是教学生去读、写和背答案。更有效率的、真正的教育必须对大脑的这3个部分加以协调。不是让三部分相互排斥，而是必须让它们一起工作。如果一个人能够协调和发展这三部分，那么他在现实社会中就更有可能获得成功。

传统教育的问题在于，它只集中开发大脑中的一部分——左脑。换句话说，你可能是左脑天才和潜意识低能儿。你的左脑知道做什么，实际上去做的时候你的潜意识却被惊吓了。最糟糕的是，许多人离开学校时，完全能够读、写和做算术题，但是在现实社会中，他们害怕失败、寻求保障而不是寻找机会。他们受到的教育是重视知识要多于想象力，多于整合大脑三部分的能力。经过多年奋斗达到事业顶峰以后，理财专家告诉他们，要做多元化投资，要量入为出。对于充满恐惧的潜意识来说，这种建议听起来是明智的和有道理的。很多年以来，他们每个月拿出工资的一部分交给理财专家，我希望他们知道理财专家在做什么。与此同时，世界上最富有的投资者沃伦·巴菲特却说："多元化投资是对财务上无知的守住。"诚哉斯言。

左脑发达的人统治着世界

世界被左脑发达的人统治着。左脑发达者的问题是他们认为只有一个大脑，只有一种智能。许多人并没有意识到大脑的其他部分，有可能有其他类型的智能。当你问一个受过高等教育、左脑发达的人智能的定义时，他回答道："如果你同意，你就很聪明。如果你不同意，你就是傻瓜。"

在金钱世界中，这些左脑发达的人相信，赚钱是通过数字公式实现的，是数学运算得来的。这就是市场崩溃时许多基金同时暴跌的原因。基金被遵循同样公式的学术天才管理着。下面再选摘2007年8月24日《华尔街日报》关于数量分析型基金的一篇文章（贾斯汀·拉哈特著《"数量分析型基金"如何失败》)：

通过大量采用统计模型来形成成功交易策略的数量分析型基金，本月遭受严重的损失。大多数情况下，基金经理将矛头指向其他的数量分析型对冲基金，从本质上说，他们拥有许多同样的股票，他们的模型在同一时间告诉他们抛出股票，这促使了股价暴跌，伤害了这个市场里的每一个人。

换句话说，优等生用他们那语言和逻辑数学智能的左脑来投资股票市场，想出同样的答案……就像在学校一样。那么谁来承担这些损失呢？不是优等生。他们有稳定的薪水。他们只是雇员，不是投资者。

用你的整个大脑来学习取胜

沃伦·巴菲特曾经说过："你必须为你自己考虑。总让我吃惊的是，高智商的人竟然不用头脑只一味地模仿。"

作为一名教育企业家，我开始教导学生要创造性地思考，去创新而不要模仿。对于许多学员来说，这种教育方式让他们无比恐惧，对于这一点我很惊讶。大多数人已经非常恐惧，他们需要工作保障、需要投资的神奇公式、需要避免错误。所以，消除恐惧给他们带来的束缚，成了我的工作中最艰难的部分。这些聪明、成功、受过良好教育的人想要改变。他们不贫穷，并非不成功和没有受过教育。

作为一名老师，我的工作是告诉他们如何用他们的基本智能和大脑的三部分来获得财务上的成功。我经常称富爸爸公司的教育项目为"用你的整个大脑来学习取胜"。为了吸引人们的注意力，我经常说："成绩为 A 的学生为成绩为 C 的学生工作，成绩为 B 的人为政府工作。"显然这会惹优等生不高兴，但是我解释了我这句话背后的逻辑时，他们都会释然。

穷人和中产阶级的方言

神经科学家最近发现，人的大脑有镜像神经元。许多科学家相信，这个发现比发现 DNA 更重要。镜像神经元是什么？简而言之，相当于有样学样或物以类聚的意思。也就是说，我们的大脑可以程序性地模仿我们看到的其他人做的事情。这可以解释为什么数量分析型基金的经理们会投资同样的股票，为什么穷人仍然贫穷——即使他们赚了很多钱，以及为什么一个出生在英国的孩子比出生在美国或澳大利亚的孩子更善于用不同的口音说不同的英语方言。

方言和口音的镜像神经元局限了我们在世界上的活动范围，限制了我们的交往范围。许多孩子在离开夏威夷后不得不度过一段艰难的时光，因为他们说的是英语混合语。说英语混合语的夏威夷孩子大多去美国本土学校上大学，那里有较大的夏威夷人俱乐部，他们会觉得这样舒服、有归属感。在联合小学的许多小孩说英语混合语。河岸小学的孩子们则被禁止说英语混合语。我相信这对我的一生有重大影响，影响到后来我去纽约而不是夏威夷上大学。

在商业界和投资界，穷人说穷人的方言。他们不用商业和投资的语言，而是说这类东西："政府项目、福利和补助。"中产阶级有另外的方言，他们说："做多元化投资和量入为出。"这个世界上最富有的投资者巴菲特则说："那不是我想要的钱。赚钱和看着钱增多会带来乐趣。"这例证了不同的英语方言反映不同的镜像神经元大脑。

每个群体说着各自独特的语言。比方说，当高尔夫球员在一起时，他们说完全不同的英语。当他们说到"小鸟"这个词时，他们不是在讨论打高尔夫球时射击野鸟。无论在哪儿，你打高尔夫球时，如果一个高尔夫球员对另一个高尔夫球员说："我抓到了一只小鸟。"每个高尔夫球员都明白，这个人低于标准杆数而得了一分，说明那是一个高于平均水平的游戏。

同样，简单地说，富人也说着富人的方言。它关系到与穷人不同的大脑和不同的镜像神经元。这就是为什么我9岁时走过那座桥就改变了生活，以及为什么我不过量入为出的生活或做多元化投资的原因。这也是为什么甚至我破产了也不开廉价汽车、穿廉价的衣服或住在普通社区的原因。这关系到我的镜像神经元和生活水平。

现在的神经科学家相信，镜像神经元是我们的大脑中最有学习能力的部分。这可以解释为什么在一个班里有些学生是老师的宠儿。因为大多数班级是由左脑发达的人教导的，他们倾向于喜欢有同样智能的孩子。另一方面,这些老师不太喜欢艺术、音乐、创新、锻炼体能的孩子,也不喜欢总在模仿的学生。到上大学的时候,大多数在语言和逻辑数学智能方面表现不好的学生离开了学校。他们已经被贴上标签,已经被排除在外了。可悲的是,那些被排除在外的孩子们经常因自感蠢笨而辍学。想象一下如果这些事发生在年幼的你身上时,这种标签对你的日后生活会产生什么样的影响?

美国哈佛大学教授罗伯特·罗森塔尔和雅各布·杰克布森在1966年做的一个实验中,告诉几位老师,在他们的班级中有些孩子是天才,虽然他们实际上不是。几乎在所有班级中,被说成天才的这些孩子都取得了异常高的成绩。换句话说,研究者发现,老师对孩子智慧的感知对孩子的学习影响最大。在投资界,这被称为"偏见";在种族关系中,这被称为"歧视"。这就是一个镜像神经元产生影响的例子。

简单来说,镜像神经元表明,我们的大脑就像是电视信号发射器和接收器。即使我们不与其他人交谈,大脑深处仍会相互进行着交流。例如,当我们走进一个房间时,我们中的多数人立刻能意识到房间里谁喜欢我们、谁不喜欢我们,即使没人说什么。这是最糟糕的地方。我知道如果连我自己都感觉不好的话,别人就不会对我感觉好。在大多数情况下,别人只是反馈我所传递的信息。换句话说,如果我认为自己是失败者,那么别人就会把我当成失败者。

好在你我都可以通过改变自我感知来改变别人对我们的感知。

这可以通过调整镜像神经元来做到。这并不容易，但是能够做到。例如，如果我不能改变对我自己的感知，我就永远不会遇到像金这样的漂亮女子并与她结婚，像唐纳德·特朗普这样的人就不会成为我的朋友，我也不会获得今天这样的财务健全。如果我不是有意识地改变了我的感知，我很可能仍然是一个害羞、胖乎乎和说着英语混合语的穷小子。

即使我毕业于一所非常好的大学，但毕业时我自我感觉并不好。我离开时觉得自己不可能像别人那么聪明。我一直是一个普通人。在参加招聘面试时，我被问到的第一个问题是，我毕业于哪所学校以及是否获得了硕士学位。如果我有硕士学位，我更有可能被录用。再者，即使我进入商界，我仍然与在课堂上无异，仍然在一个被左脑智能主宰的世界中。1974年，我在施乐公司工作时，向公司许诺我要拿到MBA，我开始研究大脑以及学习和教学的不同方式。我在寻找一个以我自己的方式取胜的方法，而不是他们的方式。

因为成长在一个教师家庭中，我意识到人们判断成功的标准是，一个人上什么样的学校和他的学位有多高。在广大的商业界中，事情几乎都是如此。在大多数大公司里，雇主都想要来自知名学校、拥有高等学位的高才生。换句话说，来自常青藤盟校的大学生要比来自州立大学的大学生要好一些、州立大学的大学生要比社区学院的学生要好一些。在广大的商业世界中，你所进入的学校能给你一个较好的工作、一份不错的薪水。那是衡量成功的标准。

与富爸爸交往后,我意识到他衡量成功的标准是能赚多少钱、和谁在一起、是否有工作或不工作的自由,以及能够提供多少工作职位。我意识到我最好决定要将我的生活建立在哪一个成功标准之上。我认为自己不能在穷爸爸的学校和正统的生意游戏中获胜,我投身于富爸爸的游戏中,那样我的获胜机会大一些。那是我开始接受真正教育的时候。

我决定追随富爸爸———名企业家和房地产投资者——的足迹。我知道在这些领域中我有更好的机会,因为大多数的优等生是雇员,寻找着高薪工作并投资于诸如股票、债券和共同基金这样的纸资产。而我是成绩为C的学生,我意识到如果我想取胜,就必须运用大脑的3个部分,而不仅仅是左脑。

这里要问你的问题是:

- 你衡量成功的标准是什么?
- 你在哪里有最好的获胜机会?
- 你的大脑在被训练去获胜吗?
- 你的大脑三部分是一起工作,还是相互排斥呢?

两大不足

多年来,我发现谈到钱时,人们往往有两大不足:

1.我们的学校不会教授太多关于金钱的知识。即使是优等生,他离开学校时也对金钱知之甚少。另外,通过最近的镜像神经元的发现,我们中的大多数人是向那些在财务上不怎么聪明的人学习的。因此,这么多人只拥有中产阶级的期望,也就是量入为出、储蓄和偿还债务。

2. 我们的学校并没有强化潜意识智能。实际上,学校不是去教育学生,而是依靠恐惧来激励学生;是威胁而不是教导,是模仿而不是创新,是惩罚而不是鼓励,是教育学生要谨小慎微,而不是鼓励学生志存高远;是说一个人想要听的,而不是说一个人需要听的。

由于上述两个事实,许多人在他们应该卖出时买进,在他们应该消费时储蓄,在他们应该储蓄时消费,在他们应该勇敢时害怕,而在他们应该害怕时勇敢。

像这种不受约束、非理性、财务上愚蠢、潜意识主导了行为的例子比比皆是:

1. 所有的数量分析型基金在同一时间抛售,引起市场暴跌,是因为他们都投资同一只股票。当他们应该买进时,他们正在卖出。恐慌来自潜意识。复制或模仿来源于对差异的恐惧,所以他们做同样的事情,而不是富有创造力和冒险精神,敢于想他人之所不敢想。

2. 当他们获得加薪或有钱进账时,经常会把钱花掉,而不是偿还不良债务,因为他们感觉良好。我认识一位男士,他从父母那儿继承了近百万美元遗产。他立刻赊账买了一栋大房子和两辆新汽车。他没有去偿还不良债务，他的得意洋洋使他陷入了更大的债务。现在他手头的钱花光了，正竭尽全力想保住他的房子。

3. 在经济萧条时，许多公司的"销售控制部门"会加大权力。 销量下降时，大多数企业会削减广告经费、减少促销活动和裁掉销售人员。不是储蓄，公司需要开销。在经济形势不好的情况下，公司要在广告和促销上投入更多、雇用更多的销售员、提供更多的销售奖金，应该更富有创造性。换句话说，要更多地利用右脑，进行更多沟通。不让销售和收购部门领导全局，而是让销售控制部门大权在握。大多数公司的销售控制部门主要由会计、律师和工薪阶层等左脑发达人士组成，这些人通常左脑发达，但他们的潜意识往往受惊过度。

当销售控制部门大权在握时，许多雇员失业，丢掉了饭碗。在我看来，当公司经营不善时，销售控制部门应该守住雇员。

潜意识认为自己很聪明。潜意识的问题是，它可以是你最好的朋友，也可以是你最坏的敌人。需要一个更高智慧的人冷静并客观地决定哪个大脑在说话——是朋友还是敌人。谈及更高层次的情感主题，如金钱、性、宗教和政治时，需要更高级的智能来客观地进行分析和处理，然后用左脑和右脑一起来考虑清楚。潜意识的缺点是，它是反应性的，而不是智能的，它无法权衡事情的利弊。

与傻瓜争论

　　和一个用潜意识说话的人交流不可能很有逻辑，因为潜意识没什么逻辑。它不能思考，只会反应。问题是，当人们通过潜意识说话时，仍然以为自己是有逻辑的、明智的。例如，我建议在经济不景气的情况下，商业人士要消费而不是储蓄，而在大多数情况下商业人士的潜意识已取得控制地位，并开始给他们提供这样或那样的理由，如为什么要削减支出、解雇员工和以省钱方式运作。对于大多数商业人士来说，这合乎逻辑又明智。他们不想进行更多的学习。他们的智能已经定型。大脑排斥新的思想。

　　如果硬要接受新的思想，智能会变得极具防御性。高墙竖起，不是逃避，而是战斗。他们想为自己的决定辩护，想证实自己是正确的。他们不去学习，反而变成了傻瓜。假如你与傻瓜争论，那么很快就会有两个傻瓜——你也会变傻。

　　穷人仍然贫穷的一个原因是，他们有着穷人的潜意识智能。当我与那些在财务上步履艰难的人交谈时，许多人会为他们贫穷的权利辩护。他们这样说："我宁愿快乐，而不是富有。"或者说"要想富有，就必须成为一个骗子"。如果你与他们争辩，试图让他们接受新思想，他们的潜意识就变得更排外，更自以为是。很快便演变成了两个傻瓜在说着傻话。

　　许多喜欢自己的工作但想作些新尝试的雇员和高薪主管们之间，也会发生类似的争执。他们不去做想做的事情，他们的潜意识充满不去做的合情合理的理由。得知自己和高薪主管一样要缴纳高税收时，他们可能会说："哦，你也要纳税呀。"如果进一步告诉他们，有一个更好的投资项目，能带来更高的收益却缴纳更少的税，他们可能会说："那听起来风险很大。"因为恐惧，他们关起了智能之门，拒绝新的可能性。如果你与他争论，你们就会再次变成两个傻瓜。

要改变你的生活先改变你的环境

在研究教育及我们如何学习的过程中，我清楚地发现环境是我们最有力量的老师。所以神经科学家关于镜像神经元的最新研究成果是如此的重要。科学最终证实了其实我们大多数人早已知道的事情：要改变你的生活，先改变你的态度。

我们中的大多数人都知道，如果想减肥，去健身房锻炼比去饭店更容易成功。如果想学习，在安静的图书馆比边开车边想着读书（我已经看到有人这样做）好得多。如果想放松，我们就休假去海滩或者去爬山。那么，如果你想变得富有，你就要寻找一个有利于成为富人的环境，一个能够强化大脑三部分的环境。富有讽刺意味的是，公司和学校无法给大多数人提供这样的环境。

环境的力量

如果你想变得更富有、更成功，最重要的是，你要找一个容许大脑三部分发育的环境,并给它们时间去发展。

1974年,我意识到我永远不会为优等生工作。医生或律师永远不会雇用我,因为医生和律师需要的是学术上和专业上都很聪明的人。医生不想要笨拙的护士,律师也不想要一个无能的助手。

我只是一名成绩为C的学生,需要找一种能让优等生为我工作的方法。因此,我决定像我的富爸爸那样成为一名企业家和房地产投资者,而不是像我的穷爸爸那样做一名优等生和教师。我作出这个选择,也是因为我学东西学得慢,我知道我需要时间发展。我并不渴望快速致富。我在寻找适合我的环境,一个我可以花大量时间来慢慢学习的环境。

成为一名企业家还有另外一个重要原因,即我可以结交一些聪明人。我知道我的语言与逻辑数学智能较差,所以我需要拥有这些智能的人成为我的团队成员。我只是一名普通的作家,算术一般,疏于细节。在体育运动方面,我知道在足球、橄榄球、划船等团队运动项目中我表现较好。我不擅长高尔夫球或网球等单人运动项目。了解了自己这个特点,对我更符合逻辑的做法似乎是,结交一些喜欢加入团队的聪明人。

我慢慢发现,许多聪明人并不善于团队协作,这是他们在学校独立参加考试时成绩优秀的原因。在商业世界中,我每天都参加考试,但不是单打独斗。在商业世界中,我与一个由聪明人组成的团队一起,参加考试、解决问题。换句话说,我的天赋来自团队。对于像泰格·伍兹那样的人,他的天赋来自个人。问题是,你是作为个体更好,还是作为团队中的一员更好呢?

做你自己

这并不意味着我建议你成为一名企业家或房地产投资者。我不是告诉你去做我做的事情。我告诉你的是,你可能需要一个学习环境,它可以提高你在财务上成功的几率。去发现你自己的环境和你自己的财务成功之道吧。例如,如果你认为你能够成为一名杰出的高尔夫球员,明显你需要在高尔夫球课程上投入大量的时间,激发你的大脑镜像神经元,向你看过的最好的高尔夫球员学习。

大脑镜像神经元的科学发现对我意义重大,因为从1974年以来,我常常和一些企业家和房地产投资者在一起。我也在继续寻求与优秀的企业家和房地产投资者一起共事的机会。所以,2006年我与唐纳德·特朗普合作写书,这件事对于我来说是如此的重要。这不仅仅是一本书的问题,而是我与优秀的人一起共事,通过镜像神经元向他学习的最佳机会。与特朗普一起度过的时光,使我对商业、人生和生活水平的看法提高到了全新的水平——几乎与我9岁时走过那座桥到有钱的同学家的收获一样多。

发现你的环境

现在,有许多商业学校请我去讲授他们开设的创业课程。学生们最常问的问题与第一财商"赚更多的钱"相关,即:"我如何发现投资者？"或者："我如何筹集资金？"我理解这些问题，因为当我放弃施乐那份有保障的工作而成为一名企业家时，我同样也被这个问题所困扰。我没有钱，没有人愿意给我投资。大型的风险投资公司不会主动来敲我的门。

我给他们的答案是："你去做就好了。你做，是因为你必须做。如果你不做，你就会破产。今天，虽然我有了足够的钱，但我能做的仍是筹集资金。那也是我的朋友唐纳德·特朗普所做的。他的工作就是筹集资金。筹集资金是一个企业家的首要任务。作为企业家，我们从3种人中筹集资金，即你的客户、投资者和雇员。作为一名企业家，你的工作是让你的客户购买你的产品。如果你能让你的客户通过购买你的产品给你钱，你的投资者就会给你大笔的钱。如果你有雇员，你的工作是使他们生产出价值来，这个价值至少是你支付给他们的报酬的10倍以上。如果雇员生产出的价值低于给他们报酬的10倍，你就会破产。如果你破产了，你就不用再筹集任何资金了。"

很明显，这并不是大多数MBA要寻找的答案。他们中的大多数人正在寻找神奇公式、秘诀和快速致富的商业计划。许多商学院的老师很痛苦，因为他们中的大多数人教授着创业课程，但是他们自己并不是企业家。大多数人仍然需要一份稳定的工作、一份稳定的工资并期待获得终身职位。再一次，他们的镜像神经元不同意冒险的想法，结果让他们很痛苦。许多商学院宁愿请CEO们来演讲，但这些CEO只是雇员，而不是企业家。

眼睛说出真相

我与学生们分享我有关筹集资金需要做什么的观点时,我观察他们的眼睛。在70%~90%的学生眼中,我看到了恐惧。他们的目光变得呆滞,呼吸变得急促。血液从左右脑流至原始脑,即最古老的潜意识。而大约10%的学生时而轻笑出声,时而微微一笑。他们喜欢我的回答。他们的眼睛变得更明亮。他们变得更兴奋。因为他们知道他们能赢。他们知道他们能够击败他们的同学。他们也知道他们能够成为企业家。尽管整个大环境有对失败的恐惧,但他们大脑的三部分却能协同作战。

开发大脑的三部分

你们当中已经玩过"现金流"游戏的人可能会想起,要在游戏中获胜,需要大量来自左脑的财务知识和来自右脑的创造性思维。因为"现金流"只是一个游戏,是用假钱玩的游戏,因此我们对失败和亏钱的恐惧大大减少,或多或少使潜意识处于平静状态。一旦理解了游戏规则,潜意识就从恐惧转向兴奋和获胜的喜悦。学习变得有趣而令人兴奋。大脑的这三部分正在接受教育,正在发展。新的可能性开始出现在经过开发的全脑面前。

学习金字塔

2005年,亚利桑那州立大学研究了"现金流"游戏在教授商学院学生会计学和投资方面的实用性。他们的结论非常积极和肯定：比起用别的学习方法，学生确实学得更快，记住知识更久。

这所大学也向我介绍了学习金字塔，如下图所示：

学习金字塔		
学习2周后我们能记住的		参与性质
我们所说的和所做的90%	实践	积极的
	模拟真实经历	
	完成戏剧报告	
我们所说的70%	做报告	
	参与讨论	
我们所听到和所看到的50%	现场看着做完	消极的
	观看展示	
	参观展览	
	观看现场演示	
	看电影	
我们所看到的30%	看图片	
我们所听到的20%	听到的话语	
我们所读到的10%	阅读	

摘自1969年戴尔《多媒体教学方法（第三版）》。经汤姆森学习出版集团沃兹沃思出版社授权再版。

学习的第二个好方法

正如你从上面图表中所看到的，最糟糕的学习方式是阅读，其后是通过听报告学习——这是传统教育中最常用的教育方式。在金字塔的上部是实践。当我告诉MBA们只要走出教室去做就好了，许多人惊呆了。很明显，阅读、演讲和在现实世界中生存之间有道鸿沟。

亚利桑那州立大学的研究指出模拟或游戏仅次于真实生活。研究证实了学习金字塔模式，也证实了我们的游戏是第二好的方法，可以用来发展左脑的逻辑智能与右脑的财务管理、会计和投资等创造性。不是从潜意识害怕学习，相反，学习是有趣的和有动力的。学生们觉得更自信、更有自主权，愿意学习更多的东西，也更能应用他们的所学。

亚利桑那州立大学的发现与我作为一名教育企业家的发现是一致的。我也发现，通过集中运用加德纳的第四智能——肢体运动智能，学员可以学到更多、更快，得到更多乐趣，并且记忆信息更持久。我们不仅仅通过听报告，也通过玩不同的游戏来讲授不同的要点。我鼓励学员玩游戏和犯错误，游戏结束后，我们会听取学员的汇报。

这种学习充满力量，因为游戏涉及大脑的三部分。很多次，游戏参与者变得不安、生气或伤心。他们不喜欢自己犯的错误。有些人指责游戏或其他参与者。这些情绪是学习过程的一部分，在我的班级和现实生活中，我作为一名导师的任务是指导参与者远离指责和负面情绪，而专心学习游戏所要传授的东西。一旦参与者从游戏中获得教训时，有些人会突然笑着说："我觉得在现实生活中我不会这样做。"一旦参与者有了一种认知——认识到游戏行为和现实行为之间的关系，他就有机会作出改变——如果他想改变的话。在某一刻，他们就会恍然大悟！生活就是大脑的三部分一起工作。一旦领悟到这一点，参与者就常常会学到更多。

在凤凰城某个贫民窟的青少年发展俱乐部最近取得了非常大的成功。我公司的一个团队在那儿建立了一个"现金流"俱乐部。事实再次表明，通过游戏教授理财智慧，效果很好，意义深刻甚至改变了许多人的生活。有个学生被校方贴上了学习低能儿的标签，被分在了慢班。他与朋友玩了几次《现金流》游戏后，阅读和数学智能开始慢慢提高。今天，他已在正常班学习。这就是在平等合作的学习环境中，他的大脑三部分互相协调产生了力量。

改变你的环境后再改变你的生活

作为一名教育企业家，显然环境是我最好的老师。我意识到我能够直接传授给他们和告诉参与者，但是如果他们回到以前的环境中，我教授的知识就会大打折扣。换句话说，如果一个人回到以前的工作环境中去，在那里，犯错误会被惩罚，创造性也受到抑制，那么我传授给他的知识就没有什么价值了。旧的环境获胜了。

有句古老的谚语这样说："如果我知道我将在哪儿死去——我是不会去那儿的。"今天，我知道有数百万的人身处对学习、财富和个人发展都不是最有利的环境中。在他们的工作环境和家庭环境中,他们的理财智慧及财富都得不到提高。他们不是变得更富有,而是变成办公室和家庭的囚徒。大多数人不去追求成功,而生活在鼓励谨慎行事、惩罚犯错误的环境中,但是正如保罗·图德·琼斯所言:"一个人是从错误而非成功中学习的。"

发掘你的天赋

对于那些想发展天赋的人来说,需要发现支持他们的天赋发展的环境。例如,泰格·伍兹的环境是高尔夫球运动。如果让他做职业赛马骑师,他可能就做不好。唐纳德·特朗普发现他的强项是进入纽约房地产的激烈竞争中。在那个环境中,他可以大显身手,学会很多,并发展了他的技能。

这个过程并不容易。如你所知,泰格·伍兹非常努力地练习,才成为高尔夫球天才。唐纳德·特朗普非常努力地工作,才成为房地产开发的天才。如果你看见过他在曼哈顿和世界其他地方所开发的大楼,你就很容易看到他的干劲。欧普拉也是在非常艰难的电视环境中生存下来并声名鹊起的。

许多人没有发展他们的天赋,仅仅是因为他们太懒惰。许多人只靠工作拿薪水。对他们来说,做一名普通人比努力去开发天赋要容易得多。

我想问你的是:"你认为你的天赋是什么?你认为开发你的天赋的最好环境是什么呢?"另外一个重要的问题是:"你有勇

气改变环境吗？"想象一下你的未来……如果你去改变的话。

对于许多人来说，这些问题的答案是"我不知道"，或仅仅是"不"。对于大多数人来说，安逸远比发现和开发他们的天赋更重要。做一个普通人、努力工作、领取薪水、储蓄、多元化投资于共同基金和过量入为出的生活要容易得多。如果你就是这样，那就继续做你现在正在做的吧。

我们每个人都不一样。我们都有不同的优点和缺点。这就是我不建议每个人都做我做的事情的原因。尽管成为一名企业家相当容易，但我知道成为一名富有的企业家并不容易。世界上充满了普普通通的企业家。房地产行业也一样。世界上充满了赚不到很多钱的房地产投资者。

我要说的是，我们所有人都有独特的天赋和才能。如果你想变得富有，甚至成为超级大富翁，你就需要发现一个允许你发展和应用你的天赋的环境。要做到这一点并不容易，但是如果你专注于此，并有获胜的干劲，这也并非不可能。在现实世界中，执著和干劲比优秀的成绩更有价值。

能使你富有的环境

如果你想变得更富有，持续改善你的环境非常重要。这就是我每次听到专家建议过量入为出的生活时都摇头的原因。过量入为出的生活，你就总是生活在一个较差的环境中。当我还是个小男孩时，每次我走过桥到有钱的同学的社区时，我的大脑都在吸收这样的信息，即一种较高水平的生活是什么样的……我想拥有这样的生活。我的大脑就在寻找我能达到这种生活水平的方法。

这并不意味着要花光所有的钱。购置大房子、豪华汽车和新衣服以及陷入堆积如山的不良债务。我的意思是，要有意识、明智地挑战你自己，通过提高你的理财智慧来提高生活水平。

提高理财智慧的最好方法就是，首先发现适合你的天赋发育和发展的环境。这就和去图书馆读一本书一样简单，去观察一个你想成为的人或者去看有富丽堂皇的房子图片的杂志。第一步就是开始有意识地刺激镜像神经元，使它接受你想拥有的生活水平和你想成为的人。

小结

那些陷入财务困境的人不愿意发展个人智慧，他们寻求安逸的环境和简单的答案。他们任由他人摆布，纳税繁重，努力工作，过量入为出的生活。他们可能很聪明、很优秀、学术能力也强，但是如果不在他们大脑三部分中培养理财智慧，他们的财务困境很可能会继续下去。

想得到成功，就要坚忍不拔地付出努力，在精神和体力上都要努力。如果你能训练你的左脑去理解你的目标，动用你的右脑去想出创造性的解决方法，保持你的潜意识兴奋而不是恐惧，那就采取行动吧。同时，只要你愿意犯错误并从错误中学习，你就能创造奇迹，你就能够开发你的理财天赋。

第十章
发展你的财商:一些实例

本书旨在培养你的理财智慧、提高你的财商。正如我前面所写到的，你需要拥有健全的 5 种财商，财商将使你变得富有、帮助你走向成功。我知道这说起来容易做起来难。培养 5 种财商是一个终生的过程，不是一天或一年就可以完成的。我仍在继续努力培养我的智慧，我鼓励你也这样做。这一章将讲述一些磨炼财商的实例。

许多理财顾问建议人们做长期投资。他们中的大多数人真正的意思是要你把钱交给他们，让他们能够长期获得佣金。这个建议的问题在于，你学不到多少，或者什么也学不到。进行长期投资的最后结果是，你在财务上未必会变得更聪明，你的财商也得不到发展。此外，大多数长期投资者所做的是高风险投资，而这些高风险投资带来的是低回报，可控制性也不强。

不要盲目地遵从理财顾问的意见，你或许认为，在长期多变的环境中投资可以增强大脑的三部分，能找到机会来提高你的财商。你应该寻找能以实践的方式发展你大脑三部分和培养你才华的多变的环境。多变的环境如：

1. **学校**。学校对大多数人来说是一个多变的环境。上课是提高你左脑和右脑功能的一个很好的方法。传统教育的问题在于没有培养潜意识的环境，而潜意识是大脑的三部分中最强大的。大多数传统教育放大了大脑镜像神经元对失败和犯错误的恐惧。

2. **教堂**。我发现有两种教堂：一种传播对上帝的爱，另一种传播对上帝的恐惧。我不知道惧怕上帝是否有效，但是我认为教堂是一个发现精神力量的好地方，精神力量可以强化我们的潜意识。一个人拥有了更大的精神力量，就会符合道德伦理、更有道德勇气、更慷慨大方。

3. **军队**。对我来说，海军陆战队是发展大脑三部分很好的环境。要做一名飞行员，需要大脑的三部分和所有的 7 种智能，甚至需要音乐智能。当要进入战斗时，我们经常演奏摇滚乐来鼓舞斗志。如今，我相信自己是一名很优秀的企业家，特别在亏钱的时候，因为我学会了提高自我认知智能，以及控制我的恐惧。

4. **网络营销**。大多数网络营销公司是特别好的学习环境，因为他们提供培训、支持、商业结构和产品，所以你能够集中发展你的销售技能、拓展你的业务。我建议所有想要成为企业家的人加入网络营销公司，它们可以提供一些现实世界中最好、充满街头智慧的商业培训。这些公司集中发展大脑的三个部分，特别加强潜意识的开发。

网络营销训练项目有利于培养你的人际关系智能和自我认知智能。发展这两种智能将改变你的生活，提高你的生活水平，因为它们教会你如何克服对他人的恐惧和对失败的恐惧。在网络营销的环境中学习,最大的好处是它是一个支持性环境,不像学校和公司那样是压力环境。大多数网络营销公司不会因为你的业务表现低于平均水平而放弃或解雇你,而会致力于增强你的能力,只要你愿意学习和进步。我认识很多人在网络营销公司工作了5年的时间,最终破除了他们的怀疑和恐惧。一旦他们做到这一点,金钱就滚滚而来。

5. **公司**。有两种主要的公司——大公司和小公司。大公司是发展大脑的三部分的好地方,特别是发展潜意识。我有许多朋友都在大公司工作,需要应对巨大的压力。至于他们是如何处理压力的,我不得而知。心理游戏和后勤部门会提供很好的机会让你训练你的人际关系智能和自我认知智能。

对于那些想要成为企业家的人,在小公司谋份差事是很好的学习环境。小公司胜过大公司的优势在于,你可以学到公司的全套事务。在《富爸爸成功创业的10堂必修课》那本书中,我描述了一个公司有8个基础部门。在小公司工作时,你更有机会学习所有8个部门,并获得必需的商业经验。

6. **研讨会**。传统的学校教育对于想获得医生、律师和建筑师等执业资格的专业人士来说很重要。传统的教育对于那些想爬到公司或政府的领导地位的人也很重要,在这些地方获得提升需要传统公认的学位。而研讨会对于那些想成为企业家和投资者的人来说很重要。如今,任何主题的研讨会和大型会议都有很多。你要做的就是发现能够激发你兴趣的研讨会。

富爸爸公司为那些想成为房地产专业人士或学习股票交易的

人提供极好的研讨会。我为这些项目感到骄傲，因为有那些以身作则、言行一致的老师教导着学员。还有更高级的课程，具有亲手实践性质的，要循序渐进地学习。例如，你可以进入社区，用真的钱做真的事情。如果你在上土地开发的课程，你就可以参与真实的土地开发项目。更重要的是，我们的课程旨在教育和强化大脑的三部分并使它们协调工作。通过集中发展大脑的三个部分，你的收入和成功的机会都会得到提高。

7. **教练**。唐纳德·特朗普和我都感到非常幸运，因为有富爸爸做我们的教练。每个曾经参加过团体性运动的人，都知道教练对于一个团队的成功是多么重要。

富爸爸公司也有教练部门。这个部门是由专业的教练组成的，他们不仅仅是优秀的教练，而且躬行所言，言行一致。富爸爸教练部门是为那些需要一对一训练的人而设的。

此时此刻，如果你正在对自己说："我怎么请得起教练呢？我没有那么多钱。"或者"为什么我需要教练呢？我已经做好了准备"。考虑一下这种情况：当某人说"我负担不起"或"我不需要帮助"时，实际上他负担得起或确实需要帮助，这是他的潜意识在说话。这也是他为什么需要教练的原因。

对于那些准备从 A 点过渡到 B 点、从一个环境过渡到另一个环境的人来说，教练是很有必要的。如果不是富爸爸做了我近 30 年的教练，我永远不会成为今天的我。即使在今天，我仍然有很多教练，因为我仍然有一些潜意识总是不能与我的左右脑相协调。

8. **"现金流"俱乐部**。今天，世界各地有数千个"现金流"俱乐部。这些俱乐部的领导人都是喜欢创造富爸爸的学习环境的志愿者。一些俱乐部向希望提高理财智慧的人教授我的富爸爸10步法课程。许多俱乐部都是免费的，有些俱乐部只收取象征性费用来支付基本开销。加入富爸爸"现金流"俱乐部，就是与有相似目标的人相识，也是激活你大脑的镜像神经元的好方法。你可能也想在你的社区、公司或教堂开始组织你自己的"现金流"俱乐部。

9. 可供你选择的下载。 2007年9月6日，我与迈克尔·卡尔顿博士做了一次视频访谈，他是医学博士，一名脑科学和成瘾研究的专家。访谈的题目是《人们会甘于贫穷吗》。这是我有幸参与的最好的访谈之一。在他的访谈中，卡尔顿博士深入探讨了大脑如何工作的细节，以及为什么一些人富有，而另一些人贫穷。这与成瘾性[①]有关。你可能已经访问了我们的网站 Richdad.com，并下载了这个访谈资料。我相信你会发现他的谈话不仅风趣幽默，而且让你醍醐灌顶、眼界大开。这是我们对你阅读本书的感谢。

有很多种多变环境能让你受益。对我来说，海军陆战队、施乐公司、我自己的公司以及房地产投资都是我去学习开发天赋的地方。如果你想开发你的天赋，什么环境最好呢？

[①] 成瘾性是指患者对药物产生了生理上或心理上的依赖。除了外源性药物的成瘾外，对一些行为（如赌博等）也会形成成瘾性，一般认为是受人的大脑中的内腓肽影响造成的。

成为一名企业家,你需要什么

我们中的大多数人都知道,企业家是世界上最富有的人。现在最有名的一些企业家如理查德·布兰森、唐纳德·特朗普、欧普拉·温弗瑞、史蒂夫·乔布斯和罗伯特·默多克。

有个争论方兴未艾:"你天生就是企业家吗?或者,企业家是可以后天培养的吗?"之所以提出这个问题,是由于有些人认为企业家是特别的人或需要某些神奇力量。对我来说,成为一名企业家不是什么大事。例如,我所在社区的一个初中女生,她拥有一个帮人看孩子的兴旺生意,还雇用她的同班同学为她工作。她就是一名企业家。另一个年轻男孩在放学后帮人做一些零活。他也是一名企业家。大多数孩子都天不怕地不怕。而对于大多数成年人来说,恐惧是他们的全部。

企业家的两个特征

今天,数百万人梦想着辞去工作,成为企业家,管理着自己的公司。大多数人的困难在于,他们的梦想仅仅是梦想,永远不会成为现实。所以问题是,为什么这么多人不能实现成为企业家的梦想呢?

关于这个老问题,我的一个朋友给出了最佳答案。他说:"企业家有两个特征——无知和勇气。"

这个简单的评价见解深刻。它解释了远比企业家精神更丰富的内涵。它解释了为什么一些人富有，而多数人与财富无缘。就像，这么多的优等生不富有，原因之一在于他们也许很聪明，但是缺乏勇气。还有许多人既缺乏知识，又缺乏勇气。

两个发型师的故事

我的一个朋友是一名杰出的发型师。在使女人变漂亮方面，他是一名魔法师。许多年来，他一直谈论着要开办自己的美发中心。他有伟大的计划，但悲哀的是，他仍然是个小人物，受雇于一家大美发中心，围着一张椅子打转忙活，还经常与店主发生争执。

而另外一个朋友的妻子厌倦了做一名空姐。两年前，她辞去了空姐的工作，去学校学习成为一名发型师。一个月前，她为她的美发中心举行了盛大的开业典礼。那里环境很不错，她已经吸引了一些最优秀的发型师在她的美发中心工作。

我那位年长的朋友听到这个消息时说："她怎么能开店？她既没有天赋，又缺乏才气。她不像我在纽约受过培训，而且也没有什么经验。我想最多一年，她肯定会失败。"

她可能会失败。统计数字显示，90%的生意在最初5年中会失败。但是这个故事的关键在于，它显示出无知和勇气对我们生活的影响。在这个例子中，一个人有天赋但缺乏勇气，另一个缺乏经验但有勇气。在我看来，这种无知和勇气之间的关系是生活的本质。

1974年，我没有工作，没有钱，也没有太多的商业经验。我不能过量入为出的生活，因为我没有办法量入为出。我不能做多元化投资，因为我没有资本来做多元化投资。我拥有的一切就是勇气。在现实生活中，勇气比优秀的成绩更重要。我们需要有勇气来发现、开发并向世界贡献你的天赋。

一定要记住，你的智力是无限的，你的怀疑是有限的。小说《阿特拉斯耸耸肩》的作者安·兰德说："财富是一个人思考能力的产品。"所以，如果你做好了改变生活的准备，就会发现能让你大脑的三部分思考的环境，你就会变得富有。谁也说不准，你可能因此发现了你的天赋。

你的反馈：人不能孤立存在

我们生活在一个处处有反馈的世界中。踩上电子称时，我们的体重给我们反馈。如果电子称显示我们重了 5 公斤，我们可能不喜欢这个反馈，尤其是我们已经超重 10 公斤的时候。当医生为你量血压，把你的血样送到实验室时，你的医生就是在寻找反馈。

反馈很重要。它是我们和环境之间信息的重要来源。问题是，如果我们不喜欢反馈，那么潜意识可能封闭、歪曲、降低或否认反馈信息的重要性。

我从海军陆战队学到了一个教训，给我最大的启发即反馈非常重要。我表现糟糕时，反馈相当强烈，而且绝非甜言蜜语。我与富爸爸一起工作时，得到的反馈同样强烈。在一起写书时，我从唐纳德·特朗普那儿接收到言辞犀利的快速反馈。如果我在军队没有受过训练,没有与富爸爸一起工作,我知道我永远不可能与特朗普一起工作。他的反馈迅速、直接、切中要害。我知道如果我怀疑、不同意或不听取特朗普的反馈,我就不能和他一起工作,也不能学到这么多东西。

我提到这一点,是因为在我们如今的工作环境中,有许多环境不允许反馈、不能进行完整的反馈,不能得到诚实的反馈。许多学校和公司由于害怕被起诉而不会告诉你那些需要了解的情况。许多朋友和合作者在你背后说你的缺点,因为他们没有当面说出来的勇气。这不是一个健康的环境。这是一个功能失常的环境。

健康的环境能够提供反馈。生活总是给你提供无偿的信息,如果你愿意接收,在大多数情况下,反馈是免费的。每当你打开支付账单,看到你缴纳了多少税时,这是反馈。如果你的债权人打电话催你还钱,这是反馈。如果你努力工作,却不能赚到足够的钱,这是反馈。如果你的孩子涉嫌吸毒,被绳之以法,这是反馈。如果你的朋友都是失败者,并甘于失败,这也是反馈。这些信息都是大事,现实世界正在告诉你这些事情。

你的生活水平是反馈的一个巨大来源。如果你住在一个你觉得贫困的家中,那是反馈。如果你开着一辆廉价的汽车,却更想开一辆蓝博基尼,那是反馈。生活水平只是你最习惯的水平,并不意味着是舒服的、便宜的或差不多就行了。生活水平应该意味着,你自己喜欢,并对你的家庭、朋友和财产感到骄傲,而不是嫉妒别人的生活水平。我再说一次,这并不意味着你要通过负债来提高你的生活水平。我的意思是要先发现一个可以学习并变聪明的环境，然后变得富有，用这种方式来提高你的生活水平。

不需要上很好的大学、得到很好的工作或者读很好的书，你就可以接收世界上一些最有用的信息。你需要做的就是，看看你周围的世界，聆听反馈。

关于反馈，有3件事情需要弄明白：

1. **有勇气面对反馈**。如果你想提高，那就寻求更多的反馈。这就是对成功人士来说教练和精神导师很重要的原因。成功人士寻求更多的反馈。

2. **只在被询问时，才提供反馈或建议**。没有什么比不请自到的反馈更讨人厌了——即使人们知道自己需要这种反馈也会这样。古语有云："别教猪唱歌。你浪费了时间，猪也不高兴。"

3. **骗子会说你想听的，而不是你需要听的**。骗子只能骗无知、感情脆弱的人。他们观察你的弱点，然后精心炮制信息来迎合你的弱点。在金钱世界中，骗子已经让广大民众相信，做多元化投资和过量入为出的生活是聪明的，尽管像沃伦·巴菲特这样最聪明的投资者并不做多元化投资，也不建议量入为出。

巴菲特以他的生活水平生活着，和唐纳德·特朗普的生活水平不一样。巴菲特生活在内布拉斯加州奥马哈市，而唐纳德·特朗普生活在纽约。关键在于他们的共同点：他们都有能力生活在世界上的任何地方，都有能力以他们想要的生活水平生活。他们现在过着安居乐业的生活。

更重要的问题是:

- 你正在你想生活的地方并以你想过的生活水平生活吗?
- 你正在做多元化投资并过着量入为出的生活,以使骗子能够无需量入为出地生活吗?
- 你正与你喜欢的朋友与想交往的人交往吗?

如果你想变得更健康、更聪明、更富有和更快乐,那么密切注意你自己的反馈。它正在为你提供世界上最重要的信息。无论你是否喜欢你收到的反馈,只要你有勇气聆听并从中学习,你就将获得成功。非常感谢你阅读本书。

提高财商的三个方法

方法一：阅读"富爸爸"系列书籍

财富观念篇
《富爸爸穷爸爸》
《富爸爸为什么富人越来越富》(《富爸爸穷爸爸》研究生版)
《富爸爸财务自由之路》
《富爸爸提高你的财商》
《富爸爸女人一定要有钱》
《富爸爸杠杆致富》
《富爸爸我和埃米的富足之路》
《富爸爸那些比钱更重要的事》
《富爸爸为什么富人越来越富》
《富爸爸为什么我们希望你成为有钱人》
《富爸爸第二次致富机会》
《富爸爸8条军规》

财富实践篇
《富爸爸投资指南》
《富爸爸房地产投资指南》
《富爸爸点石成金》
《富爸爸致富需要做的6件事》
《富爸爸穷爸爸实践篇》
《富爸爸商学院》
《富爸爸销售狗》
《富爸爸成功创业的10堂必修课》
《富爸爸给你的钱找一份工作》
《富爸爸股票投资从入门到精通》
《富爸爸为什么A等生为C等生工作》

财富趋势篇
《富爸爸21世纪的生意》
《富爸爸财富大趋势》
《富爸爸富人的阴谋》
《富爸爸不公平的优势》

财富亲子篇
《富爸爸穷爸爸（少儿财商启蒙书）》(适合3～6岁)
《富爸爸穷爸爸（漫画版）》(适合7岁以上)
《富爸爸穷爸爸（青少版）》(适合11岁以上)
《富爸爸发现你孩子的财富基因》
《富爸爸别让你的孩子长大为钱所困》

财富企业篇	《富爸爸如何创办自己的公司》
	《富爸爸如何经营自己的公司》
	《富爸爸胜利之师》
	《富爸爸社会企业家》

方法二：玩《富爸爸现金流》游戏

《富爸爸现金流》游戏浓缩了《富爸爸穷爸爸》一书的作者——罗伯特·清崎三十多年的商界经验，让我们在游戏中模仿和体验现实生活的同时，告诉游戏者应如何识别和把握投资理财机会；通过不断的游戏和训练及学习游戏中所蕴含的富人的投资思维，来提高游戏者的财务智商。

扫码购买《富爸爸现金流》游戏

方法三：关注读书人俱乐部微信公众号，在读书人移动财商学院学习财商知识

北京读书人俱乐部微信公众号由北京读书人文化艺术有限公司运营，为富爸爸读者提供既符合富爸爸理念又根据中国实际情况加以完善的财商相关课程，帮助读者系统地学习和掌握富爸爸财商的原理、方法和实操技巧，助力富爸爸读者的财务自由之路。

readers-club

扫码关注读书人俱乐部
开始学习

　　世界上绝大多数人奋斗终身却不能致富,因为他们在学校中从未真正学习关于金钱的知识,所以他们只知道为钱而拼命工作,却从不学习如何让钱为自己工作……

——罗伯特·清崎

　　清崎有两个爸爸:"穷爸爸"是他的亲生父亲,一个高学历的教育官员;"富爸爸"是他好朋友的父亲,一个高中没毕业却善于投资理财的企业家。清崎遵从"穷爸爸"为他设计的人生道路:上大学,服兵役,参加越战,走过了平凡的人生初期。直到1977年,清崎亲眼目睹一生辛劳的"穷爸爸"失了业,"富爸爸"则成了夏威夷的有钱人。清崎毅然追寻"富爸爸"的脚步,踏入商界,从此登上了致富快车。

　　清崎以亲身经历的财富故事展示了"穷爸爸"和"富爸爸"截然不同的金钱观和财富观:穷人为钱工作,富人让钱为自己工作!

如果你的投资已经没有任何价值，如果你已经厌倦了那些陈词滥调的财务建议，如果你担心自己要无休止地工作下去，永远无法退休，或者，如果你只是想多花一些时间来陪陪家人，那么你可以从本书中找到答案。

——莎伦·莱希特

1999年4月，《富爸爸穷爸爸》在美国出版，仅仅半年时间就创下100万册的销量。2000年3月，韩语版面市；2000年6月，登陆澳大利亚；2000年9月，简体中文版面市，连续两年半名列畅销书排行榜前10名……一时间，全世界范围内掀起了一股"富爸爸"热潮，无数的读者因为实践"富爸爸"的建议，获得了经济上的成功！

本书是《富爸爸穷爸爸》的实践篇，书中选取了22个具有代表性的成功案例，既有初次创业者，也有失业者、退休者，甚至是事业的失败者和破产者。他们现身说法，讲述自己的创富故事，为你展示如何一步一步地走上财务自由之路！

为什么有的人可以用较少的劳动获得较多的收入？为什么有的人可以享受比别人更多的财务自由？也许是因为他们明白何时从何种象限开始工作……本书旨在帮你选择一个新项目、新目标及新的财务前景。

——罗伯特·清崎

清崎上完大学，有了一份稳定的工作，这是"穷爸爸"一直以来对他的期望；但他牢记"富爸爸"的话，"只有实现了财务自由，才能拥有真正的自由"。于是他毅然辞去工作，走上了投资和创业之路，在47岁时实现了财务自由。从此，他再也不必朝九晚五地被动工作，再也不必量入为出，他可以自由地做自己爱做的事，因为投资会为他带来源源不断的现金流。

书中归纳出了4个现金流象限：雇员、自由职业者、企业主和投资人，只有具备投资人和企业主的技能，才更容易致富；详细介绍了这些观念和技巧，把投资人细分为7个等级，帮你看清自己的财务状况；更列出了7个完整的步骤，指引你走上财务自由之路。

只有那些在财务上适应能力较强、财商较高的人才能生存下来。只有那些对这一切有所准备的人才能获得成功。

如果没有接受过财商教育,可能就需要更多的资金才能致富,也可能需要更多的资金才能保持富有。财商越高,致富需要的资金就越少;财商越低,致富需要的资金就越多。

——罗伯特·清崎

在富爸爸看来,人们应对不可知的未来主要有3种方式:穷人指望子女或者政府帮助自己度过余生;中产阶级把钱存入银行、购房保值、投资退休金计划等,甚至把未来的财务保障押在变幻莫测的股市上;富人则购买能带来现金流的资产,让钱为自己工作,持续创造财富以应对未来的变化。

本书中,清崎讲述了富爸爸对他的财商教育,向你传授掌控风险的8种理财智慧,提高你的财商;教你准确把握经济发展形势,明辨优劣资产,巧妙防范金融风险,从容应对市场变化;升级你的理财技巧,让钱为你工作,获得财务上的真正自由。不管你是想改变入不敷出的财务状况,还是想保护自己的财产,甚至是提高投资层次,都能在本书中找到发人深省的启示和高效实用的建议,一跃成为掌控未来的财务高手!

图书在版编目（CIP）数据

富爸爸提高你的财商 /（美）罗伯特·清崎著；灵思泉，聂平俊译. — 成都：四川人民出版社，2017.8（2025.3 重印）
ISBN 978-7-220-10292-9

Ⅰ.①富… Ⅱ.①罗… ②灵… ③聂… Ⅲ.①私人投资—通俗读物 Ⅳ.① F830.59-49

中国版本图书馆 CIP 数据核字（2017）第 193091 号

Increase Your Financial IQ
Copyright © 2014 by Robert T. Kiyosaki
This edition published by arrangement with Rich Dad Operating Company, LLC.
版权合同登记号：图进 21-2017- 496

FUBABA TIGAONIDECAISHANG
富爸爸提高你的财商
〔美〕罗伯特·清崎　著　灵思泉　聂平俊　译

策划编辑	李真真　朱　鹰
责任编辑	王其进
融合出版统筹	袁　璐
特约编辑	张　芹
封面设计	朱　红
版式设计	乐阅文化
责任印制	王征征
出版发行	四川人民出版社　（成都三色路 238 号）
网　　址	http://www.scpph.com
E-mail	scrmcbs@sina.com
新浪微博	@四川人民出版社
微信公众号	四川人民出版社
发行部业务电话	（028）86361653　86361656
防盗版举报电话	（028）86361653
照　　排	北京乐阅文化有限责任公司
印　　刷	三河市中晟雅豪印务有限公司
成品尺寸	152mm×215mm　1/32
印　　张	9
字　　数	185 千
版　　次	2020 年 3 月第 2 版
印　　次	2025 年 3 月第 13 次印刷
书　　号	ISBN 978-7-220-10292-9-01
定　　价	68.00 元

■版权所有·侵权必究
本书若出现印装质量问题，请与我社发行部联系调换
电话：（028）86361656